ASSASSINATION CLASSROOM
MANUEL DE VOCABULAIRE ANGLAIS KOROTAN
Poster pin-up spécial Korotan.
GNUH HU HU ! IL Y A BEAUCOUP DE PAGES APPORTANT DIVERSES INFORMATIONS RÉALISÉES PAR LES ÉLÈVES. ILS SE SONT DONNÉ BEAUCOUP DE MAL.
HYU
HI HI ! J'AI PRÉVU DES PAGES UN PEU SALACES AVEC OKAJIMA.
ADULTE
J'AI CRÉÉ DES PAGES SUR LES SUCRERIES AVEC KAYANO.
APPRENONS LE VOCABULAIRE ANGLAIS ...
... EN UTILISANT LA FICHE ROUGE.
HYU
HYU
NOUS AVONS ESSAYÉ DE RENTABILISER LES LISTES DE VOCABULAIRE QUE JE DISTRIBUE À LA CLASSE 3-E PAR DES MOYENS MOINS CONVENTIONNELS.
HYU
IL FAUT AUSSI LIRE LE ROMAN SUR LA CLASSE 3-E.
ÉTUDIONS ENSEMBLE LA LISTE DE VOCABULAIRE QUI NOUS A ÉTÉ DISTRIBUÉE...
... À TERASAKA ET À MOI.
Korotan

ASSASSINATION CLASSROOM
MANUEL DE VOCABULAIRE ANGLAIS
KOROTAN

Monthly Schedule
Programme mensuel

3-E SPECIAL

SUNDAY Dimanche	MONDAY Lundi	TUESDAY Mardi	WEDNESDAY Mercredi	THURSDAY Jeudi	FRIDAY Vendredi	SATURDAY Samedi

Comment utiliser le programme mensuel

1. Remplissez les dates du mois que vous voulez attaquer.
2. Fixez-vous un objectif et sa durée.
3. Quand l'objectif est atteint, biffez les cases correspondantes.

*Si vous photocopiez ce programme mensuel, vous pourrez étudier plusieurs mois de suite.

Si l'on prend l'exemple de juillet 2016

THURSDAY	FRIDAY	SATURDAY
Commencez ici START !!	1	2 Début du 1er chapitre
7	8 Maîtrise du 1er chapitre	9 Début du 2e chapitre

Mois

ASSASSINATION CLASSROOM
MANUEL DE VOCABULAIRE ANGLAIS KOROTAN
QUI S'EST PERMIS DE ME DESSINER SANS MA PERMISSION, TENANT LA LISTE DE VOCABULAIRE QUE J'AI CONSTITUÉE ?
CONCLUONS UN MARCHÉ : SI VOUS LE VENDEZ, VERSEZ-MOI 80 % DE CE QUE VOUS AVEZ GAGNÉ.
LE RÉSULTAT EST MAGNIFIQUE !
ASSASSINATION CLASSROOM
MANUEL DE VOCABULAIRE ANGLAIS KOROTAN
YUSEI MATSUI
Récit : ATARÔ KUMA
Supervision de l'anglais : KODAI ABE
kana

Message from Koro-teacher
Message de Koro-sensei

Je vous remercie d'avoir acheté le Korotan, le manuel de vocabulaire anglais d'Assassination Classroom !

Vous êtes libre d'utiliser ce manuel comme vous le voulez. Vous pouvez apprendre le vocabulaire à fond ou les phrases détaillés, ou encore vous amuser en regardant les dessins, allongé. Le top serait de le glisser dans votre sac comme porte-bonheur pour les examens...

Chers étudiants,
augmentez vos notes avec ceci,
et déclarez fièrement à votre mère :

"Je suis devenu intelligent à la lecture d'Assassination Classroom !"

Non...
Je ne cherche pas à augmenter les ventes des livres pour toucher des revenus sur les droits d'utilisation de mon personnage, je ne suis pas aussi machiavélique...

Professeur principal Koro-sensei

KOROTAN Sommaire

PROLOGUE

Nagisa compte les X de sa copie.

– Ah zut…

À la fin de la 6e heure, son devoir d'anglais lui a été rendu.

L'exercice était de raconter simplement et en anglais sa journée de la veille.

Il a été félicité pour son contenu mais a eu quatre X.

Tous pour des fautes d'orthographe.

– Je me suis fait avoir !

Sur la copie de Nagisa est dessiné un poulpe, alter ego de Koro-sensei. L'animal croise ses tentacules en un X.

– Pas de fautes d'orthographe. Jamais !

Nagisa pousse un soupir et détourne le regard de sa copie.

CHAPTER 1

1er chapitre - Les bases ①

basic1

D'abord commencer par les bases !

Firts comes the basics !

Tuons suivant le plan qu'on a établi !

Let's kill following the plans that we made !

1. LES FAUTES D'ORTHOGRAPHE DU LUNDI

Spelling mistakes of Monday

1. LES FAUTES D'ORTHOGRAPHE DU LUNDI

En classe 3-E, après les cours, il y a l'entraînement spécial du Professeur Karasuma auquel seuls les volontaires participent. Pendant que les élèves en survêtement sortaient dans la cour, Isogai posa cette question à Maehara.

– Maehara, tu ne viens pas ?

– Ben, je suis occupé.

– Occupé, tu veux dire avec une fille ? Ne va pas t'embarquer dans une galère !

– La galère, ça va de pair avec l'amour. À plus !

En le voyant s'éloigner à pas rapides, Isogai marmonna.

– Il n'a vraiment pas appris la leçon, celui-là !

Nagisa, j'y vais...

Il s'adressait à Nagisa, resté seul dans la salle de classe.

– Heu oui...

– Qu'est-ce qu'il y a ? lui dit Isogai.

– Rien. J'arrive tout de suite.

– Viens vite, Nagisa ! Si tu traînes, on va commencer sans toi.

Quand Isogai quitta la salle, Nagisa sortit la feuille qu'on venait de lui rendre.

– Je n'arrive pas à croire que j'aie fait quatre fautes d'orthographe, se dit Nagisa.

Koro-sensei apparut brusquement.

– Tu soupires, que t'arrive-t-il ?

Nagisa tomba de sa chaise.

– Wow !

– Que se passe-t-il ? J'ai entendu un soupir de la salle des profs et j'ai accouru.

– Vous avez une sacrée bonne ouïe pour quelqu'un qui n'a pas d'oreilles !

– Les fautes que tu as faites cette fois-ci semblent t'avoir découragé. Mais tu n'as pas le temps de déprimer !

Koro-sensei lui tendit un livret.

– Faisons de cette semaine celle du renforcement de ton vocabulaire anglais !

Sur le livret fait main, on pouvait lire "Korotan".

– "Korotan" ?

– Manuel de vocabulaire que Koro-sensei – ne pouvant rester à regarder la classe 3-E sans rien faire – a confectionné en trois heures, avec amour, à Mach 20. Bref "Korotan" en raccourci.

– Ouf, c'est pas aussi épais que le guide du voyage scolaire. Mais quel titre super long !

– Il ne faut pas le sous-estimer. Ce manuel reprend le vocabulaire sur lequel tu pourrais te tromper. Dans une semaine, tu passeras un examen, donc il faut bien l'apprendre.

– Ah !

Le visage de Nagisa s'assombrit.

– Sans la force physique, les entraînements au couteau ou au pistolet sont vains.

De la même manière, vous ne pourrez vaincre la classe A sans maîtriser le vocabulaire anglais fondamental. Allez, il faut renforcer tes compétences en anglais !

– O.K. !

Quand Nagisa releva la tête, Koro-sensei n'était déjà plus là. Il ne restait que le "Korotan" qu'il avait reçu.

On entendait la voix du Professeur Karasuma depuis la cour de l'école :

– Aujourd'hui, on attaque par la marche sur les poteaux !

– Ça a commencé, il faut que j'y aille ! s'exclama Nagisa.

Il posa sur son bureau le manuel de vocabulaire donné par Koro-sensei et se dépêcha de se changer. En survêtement, Nagisa s'apprêtait à sortir de la classe quand il se retourna pour jeter un dernier regard sur le manuel de vocabulaire.

– Une semaine... Est-ce que je vais y arriver...?

– Terasaka, tu vas continuer à t'obstiner jusqu'à quand ?

Muramatsu lui posa la question sur le chemin.

– Quoi ? Je ne m'obstine pas !

– Dans ce cas, t'as qu'à aller aux cours supplémentaires du poulpe. Tes notes s'amélioreront.

En voyant Muramatsu ricaner, Terasaka commença à s'énerver.

– Vous êtes pénibles, vous, les disciples du poulpe.

– Tu prends tout ça trop au sérieux, lui dit Yoshida. Si tu veux assassiner le poulpe, ce ne serait pas mieux de te rapprocher de la cible en étant un peu plus amical ?

– Tss…

Agacé par les paroles de Yoshida, Terasaka donna un coup de pied dans une pierre du bord de la route. Un tentacule l'arrêta avant qu'elle ne dévale la pente.

– Tu es de mauvaise humeur, Terasaka !

Terasaka fut surpris par Koro-sensei soudainement apparu devant lui.

– Q… quoi ?!

– Ha ha ! Il est vraiment apparu lorsqu'on a parlé de lui ! s'esclaffa Yoshida.

Bien que surpris, Muramatsu et Yoshida trouvèrent la situation comique.

– Qu'est-ce que vous me voulez, professeur ?

Cela semblait ennuyer Terasaka.

– Voici un cadeau pour toi, Terasaka.

– Un cadeau ?

Il observa longuement ce que le tentacule de Koro-sensei lui tendait. C'était emballé dans un papier, sur lequel était dessiné un poulpe qui formait une croix avec ses tentacules.

– C'est quoi ? C'est la copie de mon devoir de tout à l'heure ?

Terasaka déplia la feuille en rouspétant.

– Mais c'est une liste de vocabulaire d'anglais !

– Gnuh hu hu ! Ce n'est pas qu'une simple liste de vocabulaire. C'est le "Korotan", une de mes inventions. Suis-le et éliminons ainsi un de tes points faibles.

– Moi ça ne me dit rien, lui répondit Terasaka.

– Même si tu t'arrêtes un instant maintenant, tu continueras à avancer.

– Mais qu'est-ce que vous racontez-là ? dit Terasaka à Koro-sensei, énervé.

– Ce n'est pas une phrase tirée de la série TV « Kinpachi-sensei », ça !? dit Yoshida.

– Tout à fait ! Yoshida, tu t'y connais bien en vieilles séries TV.

Bizarrement, la discussion s'anima entre Yoshida et Koro-sensei.

– Un jour, je pourrais bien faire des beignets de poulpes avec vous...

KOROTAN
ASSASSINATION CLASSROOM
MANUEL DE VOCABULAIRE ANGLAIS KOROTAN
ASSASSINATION CLASSROOM
MANUEL DE VOCABULAIRE ANGLAIS KOROTAN

COMMENT UTILISER LE KOROTAN

How to use KOROTAN

Ce manuel a été réalisé par moi, votre professeur, pour renforcer le niveau d'anglais de la classe E. Voici son contenu dans les grandes lignes : un roman en épisodes sur la classe E, des listes de vocabulaire anglais, quelques cours spéciaux et, pour terminer, un examen.

LISTES DE VOCABULAIRE Elles reprennent le vocabulaire anglais au programme du collège et du lycée. Il n'y a que des mots importants qu'on aimerait retenir.	**ROMAN** C'est l'histoire de Nagisa, qui a tendance à faire des fautes d'étourderie, et de ses amis. Étudions l'anglais avec la classe 3-E.
PAGES SCELLÉES Une fois le vocabulaire retenu, essayez de passer l'examen final. Rassurez-vous, les réponses sont fournies !	**FICHE ROUGE KORO** Utilisez-la pour mémoriser le vocabulaire anglais. Si vous posez cette fiche rouge sur les pages des listes de vocabulaire, les mots que j'aimerais que vous reteniez disparaîtront !

NIVEAUX DE DIFFICULTÉ DU KOROTAN

Each chapter's level of KOROTAN

Est inclus le vocabulaire anglais essentiel que vous apprenez avant de finir le collège, ainsi que celui enseigné au lycée. Du vocabulaire supplémentaire est présenté dans les cours spéciaux. J'ai essayé d'organiser le vocabulaire par chapitre, selon le niveau de difficulté. Référez-vous au tableau ci-dessous.

NIVEAUX DE DIFFICULTÉ

CHAP 1 Vocabulaire qu'il est utile de mémoriser au début. Si l'on prend l'exemple de la classe 3-E, c'est le niveau "en route pour le collège".	**CHAP 5** C'est la dernière étape du niveau moyen. Si l'on prend l'exemple de la classe 3-E, c'est le niveau "échanger un baiser langoureux avec Madame Pouffe".
CHAP 2 C'est le vocabulaire de base intéressant à connaître ensuite. Si l'on prend l'exemple de la classe 3-E, c'est le niveau "activités de groupe".	**CHAP 6** On entre dans le niveau supérieur. Si l'on prend l'exemple de la classe 3-E, c'est le niveau "utiliser les prodiges pour faire tout ce que vous ne voulez pas faire".
CHAP 3 Ici, on consolide les bases. Si l'on prend l'exemple de la classe 3-E, c'est le niveau "être surpris en train de manger sa boîte repas avant l'heure du repas".	**CHAP 7** Encore un cran au-dessus ! Si l'on prend l'exemple de la classe 3-E, c'est le niveau "duel avec le Professeur Karasuma".
CHAP 4 Niveau moyen. Si l'on prend l'exemple de la classe 3-E, c'est le niveau "gagner au badminton assassin pendant la pause de midi".	**CHAP 8** C'est parfait si vous réussissez à retenir tout ça ! Si l'on prend l'exemple de la classe 3-E, c'est le niveau "acculer Koro-sensei à une situation critique".

GUIDE D'UTILISATION
A guide to KOROTAN's word list

Ces parties du manuel reprennent plus de 1 000 mots anglais traduits. À la différence des listes de vocabulaire ordinaires, le niveau de difficulté a été fixé par chapitre. Ainsi, vous pouvez apprendre les termes d'un niveau similaire chapitre par chapitre. Pour les détails, référez-vous au "Niveau de difficulté du Korotan" de la page 20.

example - exemple

② NOM | VERBE INTRANSITIF | — | — | — **Problème/être important** ③

① **matter**

[m'æṭɚ]

EXEMPLE The matter needs to be resolved quickly : le problème a besoin d'être résolu rapidement.

EXEMPLE What's the matter with you ? ④ Quel est ton problème ?

EXEMPLE Your age doesn't matter : ton âge ne pose pas de problème.

⑤

"Facing all of you seriously... is a more important **matter** than the end of the world." ⑥

① MOT

Indique le terme qui sera expliqué ici. La transcription phonétique est indiquée en dessous, donc retenez également la prononciation.

② TYPE DE MOT

NOM | VERBE INTRANSITIF | VERBE TRANSITIF | ADJECTIF | ADVERBE | CONJONCTION DE COORDINATION | PRÉPOSITION

La nature de chaque mot est précisée : nom, verbe intransitif, verbe transitif, adjectif, adverbe, conjonction de coordination et préposition.

De plus, pour le sens du verbe transitif, nous avons toujours indiqué la particule de postposition. Pour les verbes transitifs, nous avons donné des exemples ou des phrases d'exemple en utilisant des prépositions (en rouge) souvent associées.

Les termes qui appartiennent à plusieurs groupes sont séparés par "/".

③ TRADUCTION EN FRANÇAIS

Sont inscrites les traductions qu'on aimerait que vous reteniez, avec, dans l'ordre, celles qui sont le plus souvent utilisées.

④ EXPLICATIONS

EXEMPLE | RÉFÉRENCE | ATTENTION

DÉRIVÉ | SYNONYME | OPPOSÉ

Exemple explicite l'utilisation du mot dans une phrase, *Dérivé / Référence / Synonyme / Opposé* apportent des compléments d'informations sur les usages du mot, avec en prime, indiqués en rouge, les mots qu'on aimerait que vous reteniez par la même occasion. Mes conseils apparaissent après le *Attention*.

⑤ ILLUSTRATION

J'ai essayé d'illustrer le mot étudié en me référant aux scènes et aux événements dans lesquels on l'utilise.

⑥ C'est le texte, en anglais, des illustrations.

À partir de la page suivante, nous allons commencer l'entraînement de nos cerveaux en débutant l'étude du vocabulaire anglais de base.

COURS SPÉCIAL

Special Lesson

Les noms de base

Les cours spéciaux permettent d'apprendre le vocabulaire anglais de base. On va d'abord s'échauffer avec les noms. Gnuh hu hu, il y en a beaucoup, mais ce sont les bases.

animal	animal
baby	bébé
bag	sac
ball	balle
bar	barre
bathroom	salle de bain
bed	lit
beer	bière
bicycle	bicyclette
bird	oiseau
boat	bateau
body	corps
book	livre
box	boîte
boy	garçon
bridge	pont
bus	bus
camera	appareil photo
camp	camp
car	voiture
card	carte

chair	chaise
chicken	poulet
child	enfant
church	église
city	ville
class	classe
clock	horloge
cloud	nuage
club	club
coach	entraîneur
coat	manteau
coffee	café
color	couleur
country	pays
cup	tasse
desk	bureau
dinner	dîner
doctor	docteur
dog	chien
dollar	dollar
door	porte

dress	habit, robe
dream	rêve
egg	œuf
end	fin
event	événement
example	exemple
fire	feu
fish	poisson
floor	sol, étage
flower	fleur
food	nourriture
forest	forêt
front	devant
fruit	fruit
game	jeu
garden	jardin
gas	gaz
gift	cadeau, don
glass	verre
god	dieu
hair	cheveux
hat	chapeau
hell	enfer
high school	lycée
history	histoire
home	domicile
homework	devoir

horse	cheval
hospital	hôpital
hotel	hôtel
house	maison
ice	glace
image	image
key	clef
kick	coup de pied
kid	enfant
king	roi
kitchen	cuisine
lady	dame
land	terre
language	langage
lesson	leçon, cours
letter	lettre
library	bibliothèque
life	vie
light	lumière
line	fil, ligne
list	liste
lot	beaucoup
lunch	déjeuner
machine	machine
mail	courrier
man	homme
map	plan

member	membre
metal	métal
meter	mètre
mile	mile
model	modèle
money	argent
moon	lune

mountain	montagne
movie	film
music	musique
museum	musée
name	nom
news	informations
newspaper	journal
note	message
number	nombre

office	bureau
oil	huile
other	autre
outside	dehors
page	page
paper	papier
park	parc
party	fête
people	gens
phone	téléphone
photo	photo
photograph	photographie
picture	dessin, image
place	endroit
plan	proposition
plane	avion
point	point
police	police
pool	piscine
pride	fierté
program	programme
question	question
radio	radio
restaurant	restaurant
rice	riz
ring	bague
river	rivière

road	route
rock	roche
room	chambre
school	école
screen	écran
sea	mer
season	saison
shoe	chaussure
shop	magasin
size	taille
sky	ciel
smile	sourire
smoke	fumée
song	chanson
speech	discours
speed	vitesse
spirit	esprit
star	étoile
station	station, gare
step	pas, marche
stone	pierre
story	histoire
student	élève, étudiant
sun	soleil
table	table
teacher	professeur
team	équipe

technology	technologie
telephone	téléphone
television	télévision
test	examen
theater	théâtre
thing	chose
ticket	ticket, billet
time	heure, temps
title	titre
tobacco	tabac
top	haut
town	ville
tree	arbre
village	village
water	eau
weather	temps (météo)
web	toile, réseau
wedding	mariage
week	semaine
weekend	week-end
wind	vent
window	fenêtre
wine	vin
woman	femme
word	mot
world	monde
year	année

COURS SPÉCIAL

Special Lesson

Le vocabulaire de l'anatomie

Pour la suite du vocabulaire anglais de base, nous vous proposons les noms de votre anatomie, et le vocabulaire en anglais qui correspond. Nous allons utiliser les dessins du corps de Koro-sensei et de Nagisa pour faciliter l'apprentissage.

Human : Humain

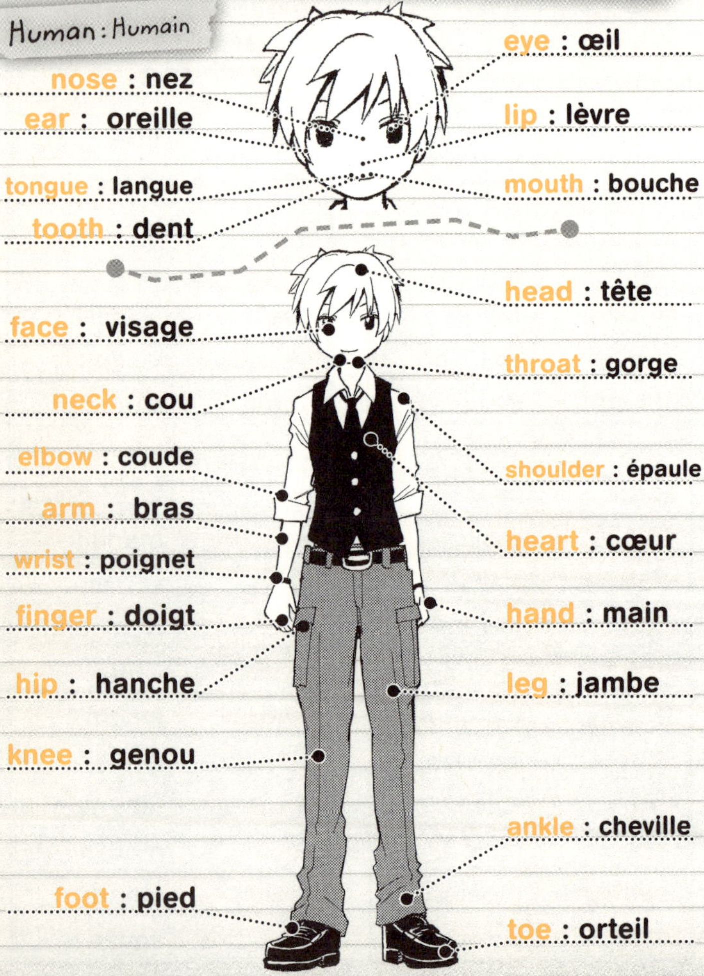

Face variations : Variations du visage

Émotion
neutral : **neutre**

Émotion
contemptuous : **méprisant**

Émotion
anger : **colère**

Émotion
rage : **rage**

Koro-teacher : Koro-sensei

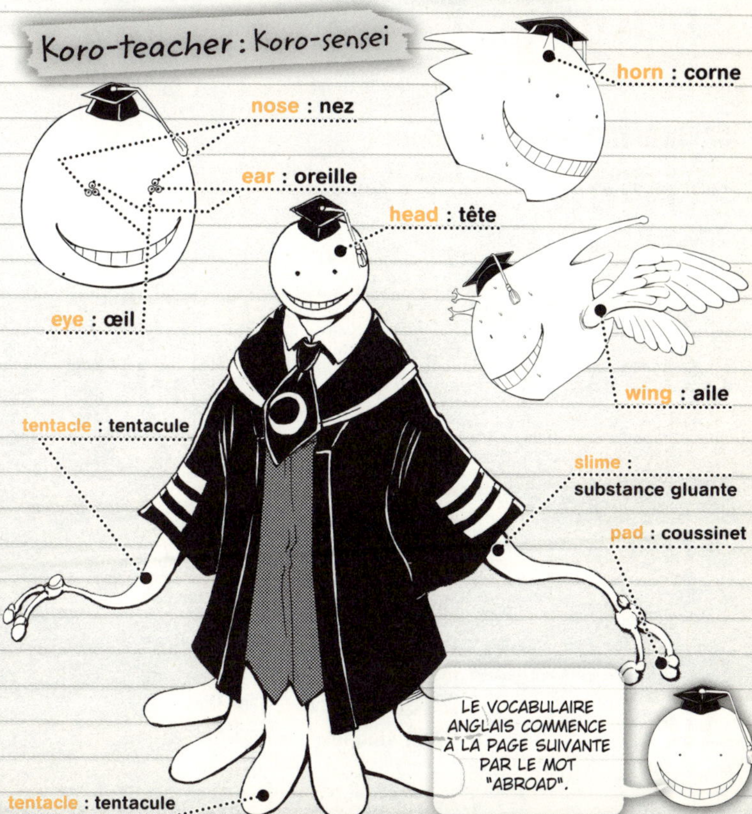

ADVRBE

abroad
[əbrˈɔːd]

À l'étranger

EXEMPLE I have never been abroad : je n'ai jamais été à l'étranger.

NOM

accident
[ˈæksədnt]

Accident, incident

EXEMPLE It was an accident that we crashed into the old man : c'est un accident qu'on se soit écrasés sur le vieil homme.

NOM

action
[ˈækʃən]

Action

EXEMPLE He lacks in consideration but is quick in action : il manque de considération mais est rapide en action.

NOM

advice
[ədváɪs]

Conseil

DÉRIVÉ To advise : conseiller

ADJECTIF

afraid
[əfréɪd]

Avoir peur

EXEMPLE Be afraid of : avoir peur de

NOM · VERBE INTRANSITIF

age
[éɪdʒ]

Âge, vieillesse/vieillir

EXEMPLE She looks mature for her age due to her rich experiences : elle semble mature pour son âge, ce qui est dû à ses riches expériences.

NOM

air
[éɚ]

Air, atmosphère

RÉFÉRENCE En adjectif, "de l'avion"

EXEMPLE Air traffic : trafic aérien

VERBE TRANSITIF — **Laisser faire, rendre possible**

allow
[əláʊ]

EXEMPLE No swimming allowed : baignade interdite

SYNONYME Permit, let

ADVERBE — **Presque**

almost
[ˈɔːlmoʊst]

ATTENTION Almost est un adverbe, most est un adjectif. Donc “la plupart des gens” devient non pas “almost people” mais “most people”.

ADJECTIF ADVERBE — **Seul/seulement (après un nom)**

alone
[əlóʊn]

SYNONYME By oneself : par soi-même, seul

SYNONYME Lonely : seul, isolé

EXEMPLE One cannot live by bread alone : on ne peut vivre que de pain.

ADVERBE — **Aussi, également**

also
[ˈɔːlsoʊ]

EXEMPLE Not only A (but) also B : non seulement A, (mais) également B

SYNONYME Too, as well, either

VERBE INTRANSITIF — **Arriver, arriver (à l’heure)**

(avec les prépositions at, in, on, etc.)

arrive
[əráɪv]

EXEMPLE Your 3:00 appointment has arrived : c’est l’heure de votre rendez-vous de 15 heures.

NOM — **Art**

art
[áɚt]

EXEMPLE The art of the novel : l’art du roman

DÉRIVÉ Artificial : artificiel

NOM — **Auteur**

author
[ˈɔːθɚ]

DÉRIVÉ Authority : autorité, pouvoir

aware
[əwéɚ]

ADJECTIF — **Avoir remarqué, être au courant**

EXEMPLE I was aware that :
j'étais au courant que

basic
[béɪsɪk, -zɪk]

ADJECTIF — **Basique**

DÉRIVÉ Basically : essentiellement, ainsi

DÉRIVÉ Basis : base

both
[bóʊθ]

NOM, ADJECTIF — **Les deux**

EXEMPLE I don't need both books :
je n'ai pas besoin des deux livres.

EXEMPLE Both movies were dull :
les deux films étaient fades.

busy
[bízi]

ADJECTIF — **Occupé**

EXEMPLE Recently we're just too busy to kill our teacher :
ces derniers temps, nous sommes vraiment trop occupés pour tuer notre professeur.

DÉRIVÉ Business : les affaires, le travail

care
[kéɚ]

NOM, VERBE INTRANSITIF, VERBE TRANSITIF — **Se sentir concerné par/soins (à la personne), précaution**

EXEMPLE Take care of = care for : s'occuper de

DÉRIVÉ Careful : prudent

DÉRIVÉ Carefully : prudemment

carry
[k'æri]

VERBE TRANSITIF — **Porter**

EXEMPLE This elevator cannot carry more than 10 people :
cet ascenseur ne peut pas transporter plus de 10 personnes.

EXEMPLE Don't carry much money around :
n'aie pas trop d'argent sur toi.

center
[sénṭɚ]

NOM — **Centre**

EXEMPLE In the center of : au centre de ~

EXEMPLE A cultural center : un centre culturel

SYNONYME Middle : milieu

DÉRIVÉ Central : central

ADJECTIF

certain

[s'ɚ:tn]

Certain

EXEMPLE It is certain that : il est certain que

EXEMPLE At a certain hour : à une certaine heure

DÉRIVÉ Certainly : certainement, sûrement

NOM

chance

[tʃ'æns]

Occasion, chance, possibilité

EXEMPLE There's a chance that : il y a une possibilité que ~

NOM

choice

[tʃ'ɔɪs]

(Le droit au) choix

EXEMPLE I had no choice but to agree : je n'avais pas d'autre choix que de consentir.

DÉRIVÉ Choose : choisir

NOM

communication

[kəmjù:nəkéɪʃən]

Communication

EXEMPLE Be in communication with : être en communication avec ~

DÉRIVÉ Communicate : se contacter, échanger (des informations)

VERBE TRANSITIF

compare

[kəmpéɚ]

Comparer, donner en exemple

EXEMPLE Compare A with B : comparer A avec B

EXEMPLE Compare life to a voyage : comparer la vie à un voyage

DÉRIVÉ Comparaison : comparaison

VERBE TRANSITIF

consider

[kənsídɚ]

Considérer

EXEMPLE I consider myself a reasonable person : je me considère comme une personne raisonnable.

EXEMPLE Considering that : en considérant que

DÉRIVÉ Consideration : considération / Considerable : considérable

VERBE TRANSITIF

contain

[kəntéɪn]

Contenir

DÉRIVÉ Container : récipient, conteneur

VERBE INTRANSITIF · VERBE TRANSITIF

continue
[kəntínjuː]

Continuer

EXEMPLE Oil prices continued to rise : le prix de l'essence continue de monter.

NOM

corner
[kˈɔɚnɚ]

Angle, fond

EXEMPLE A store at (on) the corner : le magasin (qui est) à l'angle.

EXEMPLE In the corner of the room : au fond de la pièce.

NOM

course
[kˈɔɚs]

Enseignement, cours, route

EXEMPLE Take a course : prendre un cours

ATTENTION Of course : bien sûr

Off course : hors-piste

NOM

court
[kˈɔɚt]

Cour, tribunal

EXEMPLE In court : dans la cour (dans ce cas, il n'y a pas d'article)

EXEMPLE The French court : la cour française

VERBE TRANSITIF

create
[kriéɪt, kríːeɪt]

Créer

SYNONYME Creation : création

SYNONYME Creative : créatif

NOM

credit
[krédɪt]

Crédit, mérite, atout

EXEMPLE Interest-free credit : crédit sans intérêt

EXEMPLE Give credit where it is due : créditer, "rendre à César ce qui est à César"

NOM · VERBE INTRANSITIF · VERBE TRANSITIF

crowd
[kráʊd]

Foule, rassemblement/se presser (déjà)

EXEMPLE A crowded room : une chambre bondée

EXEMPLE Supporters crowded the stadium : les supporters ont rempli le stade.

NOM — — — — **Culture**

culture

[k'ʌltʃɚ]

DÉRIVÉ Cultural : culturel

— VERBE INTRANSITIF VERBE TRANSITIF — — **Décider**

decide

[dɪsάɪd]

EXEMPLE I decided to study abroad : j'ai décidé d'étudier à l'étranger.

DÉRIVÉ Decision : décision

Make a decision : prendre une décision

NOM — — — — **Degré**

degree

[dɪgríː]

EXEMPLE A turn of 90 degrees : pivoter de 90 degrés

EXEMPLE To a certain degree : à un certain degré

— — VERBE TRANSITIF — — **Exiger**

demand

[dɪm'ænd]

EXEMPLE She demanded an explanation : elle exigea une explication.

SYNONYME Request : demander (officiellement)

Ask : demander

NOM — — — — **Département (d'une université, entreprise), ministère**

department

[dɪpάɚtmənt]

EXEMPLE The marketing department : le département marketing

— VERBE INTRANSITIF — — — **Dépendre de, compter sur**

depend

[dɪpénd]

EXEMPLE I'm depending on you to help me : je compte sur ton aide.

EXEMPLE It / That depends : ça dépend de ~

DÉRIVÉ Dependence : dépendance (≠independence)

— VERBE INTRANSITIF VERBE TRANSITIF — — **Développer**

develop

[dɪvéləp]

EXEMPLE Seeds develop into plants : les plantes se développent à partir de graines.

EXEMPLE Develop an argument : développer un argument

RÉFÉRENCE Developed country : pays développé
Developing country : pays en voie de développement

DÉRIVÉ Development : développement

Date . .

NOM — — — — **Différence**

difference

[díf(ə)rəns]

EXEMPLE The difference of a teacher from an octopus (= the difference between a teacher and an octopus) : la différence entre un enseignant et un poulpe

DÉRIVÉ Different : différent

— — — ADJECTIF — **Difficile**

difficult

[dífɪk`ʌlt, -kəlt]

EXEMPLE The test was very difficult / hard : l'examen était très difficile.

DÉRIVÉ Difficulty : difficulté

NOM — — — — **Direction, sens**

direction

[dərékʃən, daɪ-]

EXEMPLE In the opposite direction : dans le sens opposé

DÉRIVÉ Direct : direct

Directly : directement

— — VERBE TRANSITIF — — **Découvrir**

discover

[dɪskˈʌvɚ]

EXEMPLE Discover America : découvrir l'Amérique

EXEMPLE We discovered (that) our teacher's weakness is water : on a découvert que le point faible de notre enseignant est l'eau.

— — VERBE TRANSITIF — — **Discuter (de quelque chose)**

discuss

[dɪskˈʌs]

EXEMPLE We discussed what to wear to the party : on a discuté de ce qu'on allait porter à la soirée.

DÉRIVÉ Discussion : discussion

SYNONYME Argue : se disputer (préposition about / over)

NOM — — — — **Maladie (grave)**

disease

[dɪzíːz]

SYNONYME Illness : symptômes chroniques

SYNONYME Sickness : maladie ordinaire, nausée

— — VERBE TRANSITIF — — **Dessiner, attirer (des gens), tirer (des rideaux, etc.)**

draw

[drˈɔː]

EXEMPLE Draw a picture : dessiner (avec des stylos, crayons)

EXEMPLE Draw attention : attirer l'attention

EXEMPLE Draw the curtains : tirer les rideaux

VERBE TRANSITIF

earn

[ˈɚːn]

Gagner de l'argent

EXEMPLE Earn a living : gagner de quoi vivre

NOM

earth

[ˈɚːθ]

Terre, sol

EXEMPLE A lump of earth : une motte de terre

NOM

effect

[ɪfékt]

Effet

EXEMPLE Have an / some effect(s) on ~ : avoir de l'effet sur ~

ADVERBE

ever

[évɚ]

Jusqu'à présent, un jour

EXEMPLE Have you ever been to France ? As-tu déjà été en France ?

VERBE TRANSITIF

excuse

[ɪkskjúːz, eks-]

Pardonner, excuser

EXEMPLE I excused myself for coming late : je me suis excusé d'être arrivé en retard.

VERBE TRANSITIF

expect

[ɪkspékt, eks-]

S'attendre à, compter sur

EXEMPLE I don't expect her to be home yet : je ne m'attends pas à ce qu'elle soit déjà rentrée.

NOM / VERBE TRANSITIF

experience

[ɪkspí(ə)riəns, eks-]

Expérience/faire l'expérience de (la tristesse, la douleur)

EXEMPLE Lack of experience : manque d'expérience

NOM — — — — **montant, chiffre, forme, personnalité, silhouette, graphique**

figure

[fígjɚ]

EXEMPLE At a high / low figure : à un montant élevé / bas

EXEMPLE Keep one's figure : garder sa silhouette

EXEMPLE I saw a figure in the dark :
j'ai vu une silhouette dans le noir.

— — VERBE TRANSITIF — — **Réparer, décider, fixer**

fix

[fíks]

EXEMPLE Fix the date of departure for Monday :
fixer la date de départ à lundi.

— VERBE INTRANSITIF VERBE TRANSITIF — — **Suivre, prendre la relève**

follow

[fάloʊ]

EXEMPLE The years following the World War I :
les années qui suivirent la Première Guerre mondiale.

EXEMPLE Every student must follow this rule in my school :
dans mon école, tous les élèves doivent se plier à cette règle.

NOM — VERBE TRANSITIF — — **Armée, forces armées, force/forcer (quelqu'un)**

force

[fˈɔɚs]

EXEMPLE By force :
par la force des armées, par la force seule

EXEMPLE He was forced to go down to the 3-E :
il fut forcé de descendre en 3-E.

— VERBE INTRANSITIF VERBE TRANSITIF — — **Oublier**

forget

[fɚgét]

ATTENTION

Forget to do : oublier (de faire quelque chose)

Forget doing : oublier (d'avoir fait quelque chose)

NOM VERBE INTRANSITIF VERBE TRANSITIF — — **Type, forme/former**

form

[fˈɔɚm]

EXEMPLE Form a new political party : former un nouveau parti politique

EXEMPLE An idea started to form in his mind :
une idée commença à prendre forme dans sa tête.

DÉRIVÉ Formal : formel (≠ casual : informel)

NOM VERBE INTRANSITIF VERBE TRANSITIF — — **Obtenir/gagner/augmentation/gain**

gain

[géɪn]

EXEMPLE Gain power : obtenir du pouvoir

EXEMPLE Gain in popularity : gagner en notoriété

EXEMPLE Weight gain : prise de poids

ADJECTIF

general
[dʒén(ə)rəl]

Général

EXEMPLE A general impression : impression générale

EXEMPLE A general reader : lecteur moyen

DÉRIVÉ Generally : généralement

NOM

government
[gˈʌvɚ(n)mənt, -vəm-]

Gouvernement

DÉRIVÉ Govern : gouverner

DÉRIVÉ Governer : gouverneur, directeur, président, etc.

VERBE INTRANSITIF

grow
[gróʊ]

Grandir, pousser, croître

EXEMPLE Grow as a person : évoluer en tant que personne

DÉRIVÉ Growth : croissance

"School and status do not matter. Whether a fish lives in a clear stream or a muddy ditch, as long as it continues swimming forward, it will **grow** up beautifully."

VERBE INTRANSITIF **VERBE TRANSITIF**

hang
[hˈæŋ]

Être accroché/accrocher (quelque chose)

EXEMPLE Hang on tight to the rope !

Accroche-toi bien à la corde !

EXEMPLE Hang around : traîner

NOM **VERBE INTRANSITIF** **VERBE TRANSITIF**

hope
[hóʊp]

Espérer/espoir, prospect

EXEMPLE I hope that his female disguise will not be revealed : j'espère que son travestissement ne sera pas révélé.

DÉRIVÉ Hopefully : avec espoir

NOM **VERBE TRANSITIF**

hit
[hít]

Frapper, se cogner contre/un tube (de musique)

EXEMPLE She was hit on the head : elle fut frappée à la tête.

NOM — — — —

idea

[ɑɪdíːə]

Idée

EXEMPLE I have no idea : je n'en ai aucune idée.

DÉRIVÉ ideal : idéal

— — VERBE TRANSITIF — —

include

[ɪnklúːd]

Inclure

EXEMPLE Including me : y compris moi

NOM VERBE INTRANSITIF VERBE TRANSITIF — —

increase

Nom : [ínkriːss]
Verbe : [ɪnkríːs]

Augmenter/augmentation

DÉRIVÉ Increasingly : de plus en plus

OPPOSÉ Decrease

NOM — — ADJECTIF —

individual

[ìndəvídʒuəl, -dʒʊl]

Individuel/individu

EXEMPLE The rights of the individual : Les droits individuels.

NOM — — — —

industry

[índəstri]

Industrie

DÉRIVÉ Industrial : industriel

DÉRIVÉ Industrial pollution : pollution industrielle

NOM — VERBE TRANSITIF — —

influence

[ínfluːəns]

Influence/influencer

EXEMPLE This book is bad influence for junior high schoolers : ce livre a une mauvaise influence sur les collégiens.

NOM — — — —

information

[ìnfɚméɪʃən]

Information

EXEMPLE I got all the information about the island : j'ai récupéré toutes les informations sur cette île.

DÉRIVÉ Inform : informer

NOM | — | VERBE TRANSITIF | — | —

Problème, numéro/annoncer, publier

issue
[íʃuː]

EXEMPLE The position of home economics is a serious issue : la position des arts ménagers est une question importante.

EXEMPLE Issue a statement : faire une annonce

NOM | — | — | — | —

Travail

job
[dʒάb]

"You pay us better than the Japanese government. You can trust us as professionals to do our **jobs** perfectly."

NOM | VERBE INTRANSITIF | VERBE TRANSITIF | — | —

Juge, juger/évaluer

judge
[dʒˈʌdʒ]

EXEMPLE Our teacher judged him to be suitable in the mission : notre enseignant a jugé qu'il était adapté à cette mission.

NOM | — | — | — | —

Connaissance

knowledge
[nάlɪdʒ]

DÉRIVÉ Know : savoir

NOM | VERBE INTRANSITIF | — | ADJECTIF | ADVERBE

La dernière fois, dernier/dernière personne, dernier objet, durer, avant

last
[lˈæst]

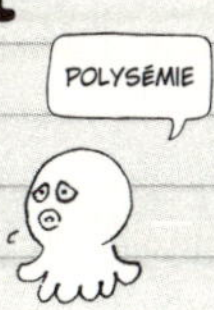

EXEMPLE How long does the show last ? Combien de temps dure ce spectacle ?

EXEMPLE At last : enfin

"... So the important part is the **last** shooting to kill. Accurate timing and precise aim are essential."

NOM — — — — **Loi**

law

[l'ɔ:]

EXEMPLE Break the law : enfreindre la loi

DÉRIVÉ Lawyer : avocat

— VERBE INTRANSITIF VERBE TRANSITIF — — **Poser, pondre**

lay

[léɪ]

EXEMPLE Our hens don't lay eggs recently :

nos poules n'ont pas pondu récemment.

EXEMPLE Lay out :

étaler, présenter

NOM — — — — **Magazine**

magazine

[m'ægəzì:n]

NOM VERBE INTRANSITIF — — — **Problème/être important**

matter

[m'æṭə˞]

EXEMPLE The matter needs to be resolved quickly :

le problème a besoin d'être résolu rapidement.

EXEMPLE What's the matter with you ?

Quel est ton problème ?

EXEMPLE Your age doesn't matter :

ton âge ne pose pas de problème.

"Facing all of you seriously...
is a more important **matter** than
the end of the world."

— — VERBE TRANSITIF ADJECTIF — **Vouloir dire/méchant**

mean

[mí:n]

EXEMPLE What do you mean by "bitch" ?

Qu'est-ce que tu veux dire par "garce" ?

EXEMPLE That was a mean trick !

C'était un sale tour !

NOM — VERBE TRANSITIF — — **Mesure/mesurer, évaluer**

measure

[méʒə˞]

EXEMPLE Measures are being taken :

des mesures ont été prises.

EXEMPLE Beyond measure : démesuré

— — — ADJECTIF — **Moderne**

modern
[mάdɚn]

SYNONYME Contemporary : contemporain
Current : actuel

OPPOSÉ Past : passé / Ancient : ancien

NOM — — — — **Instant, moment**

moment
[móʊmənt]

EXEMPLE I'll answer your question in a moment : je répondrai à votre question dans un instant.

SYNONYME Minute : minute, un petit instant

"That way you called your buddies in a **moment**, are you afraid to fight one-on-one with a junior high schooler ?"

NOM — — — — **Nation**

nation
[néɪʃən]

EXEMPLE The president will speak to the nation : le président va s'adresser à la nation.

DÉRIVÉ National : national

DÉRIVÉ Nationality : nationalité

NOM — — — — **Nature**

nature
[néɪtʃɚ]

EXEMPLE By nature : de nature
The nature of A : la nature de A

DÉRIVÉ Natural : naturel

DÉRIVÉ Naturally : naturellement

— — — ADJECTIF — **Nécessaire**

necessary
[nésəsèri]

EXEMPLE It is necessary for him to stay comical at every moment : il est nécessaire pour lui de rester comique à tout moment.

DÉRIVÉ Necessarily : nécessairement
(not necessarily : pas nécessairement)

— VERBE INTRANSITIF — — — **(Un accident, ou autre) se produire**

occur
[ək'ɚ:]

EXEMPLE It occurred to me that she might be lying : il m'est venu à l'esprit qu'elle peut être en train de mentir.

SYNONYME Happen

NOM — — — — **Opinion**

opinion
[əpínjən]

EXEMPLE In my opinion : selon mon opinion

NOM VERBE INTRANSITIF VERBE TRANSITIF — — **Partie/séparer/se séparer**

part
[pάɚt]

EXEMPLE Part the curtains : ouvrir les rideaux

DÉRIVÉ Partly : partiellement, en partie

— — — ADJECTIF — **Particulier**

particular
[pɚtíkjʊlɚ]

EXEMPLE For no particular reason : sans aucune raison particulière.

DÉRIVÉ Particularly : particulièrement

NOM — — ADJECTIF — **Passé/du passé**

past
[pˈæst]

EXEMPLE You can't repeat the past ! Tu ne peux pas répéter le passé !

EXEMPLE The past (perfect) tense : le passé (plus-que-parfait)

NOM — — ADJECTIF — **Patient**

patient
[péɪʃənt]

EXEMPLE Patient with others : patient avec les autres

DÉRIVÉ Patience : patience

NOM — — — — **Paix**

peace
[pí:s]

EXEMPLE Killing our teacher leads to world peace : tuer notre professeur nous conduit à la paix sur Terre.

ATTENTION Piece : un morceau

— VERBE INTRANSITIF VERBE TRANSITIF — — **Jouer, interpréter, exécuter**

perform
[pɚfˈɔɚm]

EXEMPLE Perform a role : interpétrer un rôle

DÉRIVÉ Performance : performance, représentation

ADJECTIF **Personnel**

personal

[pˈɚːs(ə)nəl]

EXEMPLE Personal belongings : affaires personnelles

SYNONYME Private : privé

DÉRIVÉ Person : personne (pluriel : "people")

DÉRIVÉ Personality : personnalité / Personally : personnellement

VERBE TRANSITIF **Choisir, cueillir**

pick

[pík]

EXEMPLE Pick out : sélectionner

EXEMPLE Pick up the phone : décrocher le téléphone

NOM **Un morceau, une pièce ("a piece of")**

piece

[píːs]

EXEMPLE Two pieces of furniture : deux meubles

EXEMPLE That's a piece of cake : c'est un jeu d'enfant.

NOM **Posture, position/endroit, niveau/statut**

position

[pəzíʃən]

EXEMPLE In a sitting / an upright position : en posture assise / debout

VERBE INTRANSITIF VERBE TRANSITIF **Entraînement, mettre en pratique/s'exercer à**

practice

[prˈæktɪs]

EXEMPLE Using knives in an actual fight takes hours and hours of practice : utiliser des couteaux dans un véritable combat demande des heures et des heures d'entraînement.

DÉRIVÉ Practical : pratique, utile, réalisable, pragmatique
Practically : pratiquement, quasiment

VERBE INTRANSITIF VERBE TRANSITIF **Préparer**

prepare

[prɪpéɚ]

DÉRIVÉ Preparation : préparation

"However, she has skill to complete her **preparations** in a single day, and there's no denying that she's a top-class hit woman."

NOM — VERBE TRANSITIF — — **Prix/décider du prix**

price
[práɪs]

EXEMPLE Be priced at $10 : avoir un prix fixé à 10$

EXEMPLE At a price : à un prix

— — — ADJECTIF — **Privé**

private
[práɪs]

EXEMPLE He is reluctant to talk about his private life : il est réticent à parler de sa vie privée.

EXEMPLE A private hospital : un hôpital privé

NOM — — — — **Problème**

problem
[prábləm, -lem]

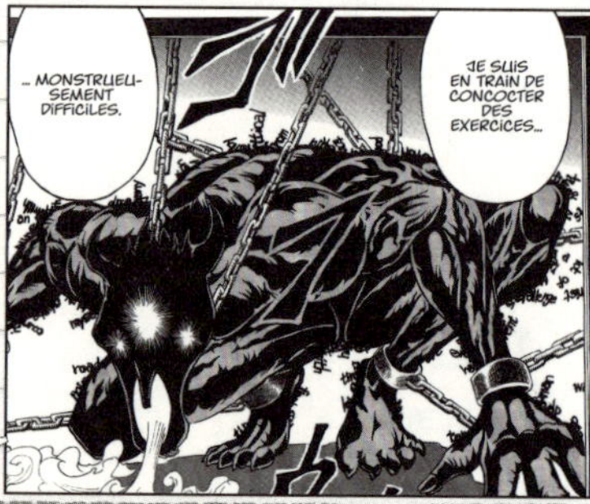

"These aren't '**problems**' anymore, they are 'monsters.'"

— — VERBE TRANSITIF — — **Produire**

produce
[prəd(j)úːs]

EXEMPLE Produce side effects : produire des effets secondaires

DÉRIVÉ Product : produit / Production : production

— — — ADJECTIF — **Professionnel**

professional
[prəféʃ(ə)nəl]

EXEMPLE Professional contacts : réseau professionnel

EXEMPLE Professional advice : conseil d'un spécialiste

DÉRIVÉ Professor : professeur

— — VERBE TRANSITIF — — **Pourvoir, fournir**

provide
[prəváɪd]

EXEMPLE Provide someone with something : "fournir quelque chose à quelqu'un"

— — VERBE TRANSITIF — — **Publier**

publish
[pˈʌblɪʃ]

DÉRIVÉ Publication : publication

— — VERBE TRANSITIF — — **Réaliser**

realize
[rí:əlàɪz]

EXEMPLE Do you realize the importance of the situation ?

Est-ce que tu réalises l'importance de la situation ?

EXEMPLE Realize a dream : réaliser un rêve

— — VERBE TRANSITIF — — **Reconnaître**

recognize
[rékəgnàɪz]

EXEMPLE I recognized him at once :

je l'ai tout de suite reconnu.

EXEMPLE We have to recognize that we have little time :

on doit reconnaître qu'on n'a pas beaucoup de temps.

NOM — VERBE TRANSITIF — — **Archive/archiver**

record
Nom : [rékɚd]
Verbe : [rɪkˈɔɚd]

EXEMPLE Off the record : confidentiellement

"I heard you've been **recording** all of that octopus's weaknesses in your notebook. Lend it to me, won't you"

— — VERBE TRANSITIF — — **Réduire**

reduce
[rɪd(j)ú:s]

DÉRIVÉ Reduction : réduction

"That was stupid. He **reduced** his power before our assassination."
"I wonder why we haven't been able to kill this idiot until now ?"

– VERBE INTRANSITIF – – – **Référer**

refer

[rɪf'ɚ:]

EXEMPLE Refer to a dictionary : se référer à un dictionnaire

DÉRIVÉ Reference : référence

NOM – – – – **Relation**

relation

[rɪléɪʃən]

DÉRIVÉ Relate : (Préposition "to") se rapporter

DÉRIVÉ Relationship : relation

– VERBE INTRANSITIF – – – **Compter sur, dépendre de (Préposition on/upon)**

rely

[rɪlάɪ]

DÉRIVÉ Reliable : fiable

"It was nothing. Nurufufufufu. Well then, let's continue our trip." The problem is that our target is an incredibly **reliable** teacher.

– VERBE INTRANSITIF – – – **Rester**

remain

[rɪméɪn]

EXEMPLE He remained cheerful : il est resté jovial.

– VERBE INTRANSITIF VERBE TRANSITIF – – **Se souvenir de, se rappeler de, ne pas oublier**

remember

[rɪmémbɚ]

EXEMPLE I remember the time when you only had two arms : je me souviens de l'époque où tu n'avais que deux bras.

ATTENTION Remember to do : se rappeler de faire

Remember doing : se souvenir avoir fait

– – VERBE TRANSITIF – – **Représentant/représenter, exprimer**

represent

[rèprɪzént]

EXEMPLE The man represents the school : l'homme représente l'école.

EXEMPLE These blue lines represent the river : ces lignes bleues représentent la rivière.

VERBE TRANSITIF

require

[rɪkwάɪɚ]

Nécessiter, avoir besoin de

EXEMPLE He requires medical care : il nécessite un traitement médical.

DÉRIVÉ Requirement : condition nécessaire

NOM VERBE INTRANSITIF VERBE TRANSITIF

research

[rɪs'ɚ:tʃ, rí:sɚ:tʃ]

Recherche/rechercher

"If you have time after school, let's do **research** together to find a poison that will kill me."
"...O-Okay !!"

NOM

response

[rɪspάns]

Réponse, réaction

DÉRIVÉ Respond : répondre

DÉRIVÉ Responsability : responsabilité

DÉRIVÉ Responsible : responsable

VERBE INTRANSITIF VERBE TRANSITIF

rest

[rést]

**Se reposer/
Poser quelque chose (sur)**

EXEMPLE He rested his head on my shoulder : il posa sa tête sur mon épaule.

NOM VERBE TRANSITIF

risk

[rísk]

Risque/risquer

EXEMPLE At risk : en danger

EXEMPLE Run a risk of doing : prendre le risque de faire ~

NOM

science

[sάɪəns]

Science

EXEMPLE Science fiction : science-fiction

DÉRIVÉ Scientific : scientifique (adjectif)

Scientist : scientifique (personne)

NOM — VERBE TRANSITIF — — **Sensation, sens, ressentir**

sense
[séns]

EXEMPLE A sense of humor : le sens de l'humour

DÉRIVÉ Sensitive : sensible, fragile, délicat

DÉRIVÉ Sensible : sensible

— — — ADJECTIF — **Similaire**

similar
[sím(ə)lɚ]

SYNONYME Alike, same ≠ different : différent

EXEMPLE Books are similar to friends : les livres ressemblent aux amis.

— — — CONJONCTION DE COORDINATION ADVERBE **Depuis, donc/depuis**

since
[síns]

EXEMPLE The situation has changed since he left : la situation a changé depuis qu'il est parti.

ATTENTION On utilise "since" quand ce qui est arrivé dans le passé continue.

— — — ADJECTIF — **Seul, célibataire**

single
[síŋgl]

EXEMPLE There was not a single person in sight : il n'y avait pas une seule personne en vue.

NOM — — — — **Société, association**

society
[səsάɪəṭi]

EXEMPLE A medical society : société médicale

DÉRIVÉ Social : social

— — — ADJECTIF — **Tel, pareil**

such
[sˈʌtʃ;]

EXEMPLE Don't be such a chicken ! Ne sois pas une poule mouillée !

EXEMPLE They are such able people : ils sont très doués.

— — VERBE TRANSITIF — — **Suggérer**

suggest
[sə(g)dʒést]

EXEMPLE I suggest (that) we (should) take a break : je suggère qu'on prenne une pause.

DÉRIVÉ Suggestion : suggestion

NOM — VERBE TRANSITIF — — **Soutenir, aider, subvenir aux besoins de/aide**

support

[səp'ɔə-t]

EXEMPLE He supports the idea that : il soutient l'idée que

DÉRIVÉ Supporter : partisan

NOM — — — — **Taxe**

tax

[t'æks]

EXEMPLE A consumption tax : TVA

NOM VERBE INTRANSITIF VERBE TRANSITIF — — **Commerce, l'industrie de/ faire des transactions (de), échanger**

trade

[tréɪd]

EXEMPLE International trade : commerce international

EXEMPLE The book / tourist trade : l'industrie du livre / du tourisme

NOM — VERBE TRANSITIF — — **Opinion, vue/considérer**

view

[vjúː]

EXEMPLE Our classroom affords a fine view of the forest : on a une bonne vue de la forêt depuis notre classe.

EXEMPLE The matter must be viewed from all angles : ce problème doit être considéré selon tous les angles.

NOM VERBE INTRANSITIF — — — **Voix, vote/voter**

vote

[vóʊt]

DÉRIVÉ Voter : électeur

NOM — — — — **Mur**

wall

[w'ɔːl]

EXEMPLE Off the wall : décalé

NOM — — — — **Guerre**

war

[w'ɔə-]

SYNONYME Battle : combat

3-E COURS SPÉCIAL

Maladie de 2e année de collège : sophomore disease

Provoquer avec KARMA AKABANE

KARMA AKABANE DATA

Il a été transféré en classe E suite à un problème de violence quand il était en 2e année de collège. Il a un don hors norme pour les études et le combat. Il a par exemple été le premier à blesser Koro-sensei.

Ce que je vais t'apprendre, c'est l'anglais à utiliser pour provoquer l'adversaire. J'y ai ajouté quelques mots d'explication, donc prends-en note.

You wanna go?

Tu veux y aller ?

Ça, c'est pour provoquer quelqu'un, quand tu veux lancer une bagarre. Encore plus efficace si tu joins les gestes à la parole.

You're so desperate!

T'es vraiment pathétique !

Le mieux est de l'utiliser quand l'adversaire est excité. Mais même quand on est excité, il faut paraître calme.

Why so serious?

Pourquoi cet air si sérieux ?

Tout comme le "T'es tellement désespéré !" ci-dessus, c'est sans doute particulièrement efficace lorsque l'adversaire est à bout de nerfs.

You thought you could beat me?

T'as cru que tu pouvais me battre ?

Ça, ce sont les mots de la fin, pour marquer le coup après la bagarre. Mais on ne peut l'utiliser que quand on est le gagnant.

Just kidding. I was just teasing you.

Je plaisante. Je te taquinais.

À dire quand on s'est laissé emporter. Ces paroles donnent l'impression qu'on essaye de sauver les apparences, mais ne t'en fais pas, ça énervera quand même l'adversaire.

There is no use talking to you.

Ça ne sert à rien de te parler.

C'est pour préciser la position de chacun, affirmer que "je suis au-dessus de toi". C'est le coup de grâce.

C'mon, get to the point.

Vas-y, accouche !

Efficace quand l'adversaire s'énerve par exemple lors d'une dispute. D'un coup tu domines, même si tu étais en situation d'infériorité.

You chicken!

Poule mouillée !

L'expression n'est peut-être pas très connue chez nous, mais elle énervera la quasi-totalité des anglophones.

Yeah yeah, my bad, whatever.

Ouais ouais, au temps pour moi, peu importe.

À utiliser quand on n'a pas d'autre choix que de s'excuser. Mais ça ne vient pas du fond du cœur.

Essaye de le faire avec ce type d'expression condescendante.

You fooooool!!

Imbéciiiiiiiiiiiiiile !

Celui-ci et "poule mouillée" peuvent s'utiliser n'importe où. Peut-être que plus on allonge "fool", mieux c'est.

Même les plus calmes ne pourront s'empêcher de péter un câble.

Date . .

3-E COURS SPÉCIAL

Vocabulaire qui peut être perçu comme érotique avec ♥ TAIGA OKAJIMA

En anglais, certains mots semblent avoir une consonance sexuelle. Je vous présente ce vocabulaire salace !

TAIGA OKAJIMA DATA

Le plus obsédé de la classe 3-E. Personne d'autre que lui ne peut avoir cet air de beau gosse, un livre salace à la main !

Monday

"Monday"... "daymon"... "démone" ! "Une vilaine petite démone..." ! Mmh, je vais le retenir ce jour-là ! ♡

Body Soap

Une de mes connaissances appelée Yusei Matsui est capable d'entrer en transe dès qu'il entend ces mots.

Virgin Oil

C'est "virgin olive oil" mais rien que le mot "virgin" m'excite.♡

To bite

O.K., cela signifie "mordre" en anglais, mais avouez quand-même que ce verbe peut faire sourire surtout s'il est mal prononcé...

Cup Noodle

À chaque fois que je vois des cup noodle, une femme nue me vient à l'esprit. Ça veut dire que le mot "nouille" est salace !

Faith

Il ne faut jamais perdre la foi tant qu'on a les fesses ! Hu Hu !

CHAPTER 2

2e chapitre - Les bases ②

basic2

Ce niveau donne les bases pour se lancer dans une conversation !

These are also the essentials when it comes to conversation !

Vas-y et achève-les !

Just go on and finish them off !

2. PAUSE DU MARDI

Break time of Tuesday

2. PAUSE DU MARDI

– Nagisa, c'est quoi ça ?

Rio Nakamura l'interpella alors qu'il était assis à sa place pendant la pause.

– C'est la liste de vocabulaire d'anglais de Koro-sensei.

– Ah, cool !

– Non, ça ne l'est pas. C'est une sorte de punition pour avoir fait quatre fautes au devoir d'hier.

– Que ce soit une punition ou pas, c'est l'occasion d'améliorer ton vocabulaire, lui dit-elle.

–Tu vois le bon côté des choses, toi !

– Oui, hin hin hin ! Voyons ce "Korotan", montre-moi à quoi il ressemble.

Nakamura prit la fiche posée sur le bureau de Nagisa, tira sur son col et s'éventa.

– Nakamura, tu fais vraiment "beauf".

– Ben il fait chaud, j'y peux rien.

Puis elle arracha le "Korotan" des mains de son camarade et le feuilleta.

– Il a classé les mots de vocabulaire selon la probabilité qu'ils tombent à l'examen. C'est bien pensé !

– S'agissant de Koro-sensei, il a tout fait pour que ce soit facile à comprendre, enchérit Nagisa.

– Dans ton cas, c'est pas que tu ne connais pas de vocabulaire, mais c'est l'orthographe qui coince.

– Ouais…

– Je peux te poser une question pour voir ?

– Oui vas-y !

– Tu sais ce que veut dire "transvestism" ?

– Ça m'a l'air difficile, je n'en sais rien.

– Si on découpe les mots difficiles, ça devient plus facile que ça en a l'air, et l'orthographe devient aussi plus facile à mémoriser.

– "Trans" veut dire échanger, ou mélange, comme par exemple dans "transfer" ou "transparent". "Vest" désigne l'habit, "ism" indique que l'on a affaire à une doctrine. Et si on assemble, ça donne « aimer échanger des habits au-delà des différences de sexe ».

– C'est-à-dire ?

– C'est le travestissement.

– Il y a un mot comme ça dans le manuel ?

– Quoi ? Non, ça ne fait pas partie de la liste !

– Alors, pourquoi tu m'embêtes avec ça ?!

– Je te taquine, ha ha ha ! dit Nakamura en frappant l'épaule de Nagisa qui lui souriait d'un air distrait.

Kaede Kayano vint se placer près d'eux.

– Vous avez l'air de bien vous amuser ! dit-elle.

– Enfin, c'est surtout Nakamura qui s'amuse à me taquiner, grommela Nagisa.

– C'est son passe-temps, on n'y peut rien, précisa Kayano.

– C'est un passe-temps, ça ?

– C'est maintenant que tu le remarques ? T'es un peu lent, Nagisa…

– Dis, Kayano, pose-lui une question ! lança Nakamura.

– Ah, voilà le "Korotan". Et si je taquinais aussi Nagisa… Je vais ouvrir une page au hasard et prédire ton avenir.

Kayano ouvrit le manuel.

– "Male" ? M-a-l-e ! demanda Kayano.

– Homme, mâle ! répondit Nagisa.

– Correct. Alors comment dit-on "masculin" en anglais ?

– Heu…

Nakamura répondit immédiatement.

– C'est "masculine". M-a-s-c-u-l-i-n-e !

– Impressionnant, Nakamura ! On voit que tu as été première en anglais. Tu es aussi un peu "masculine" !

– Ouais, il paraît que je fais "beauf" quand je m'essuie le visage avec des serviettes chaudes en poussant un soupir.

– Ouais, une vraie beauf...! dit Nagisa.

– Attention Nagisa, je vais te travestir et te harceler sexuellement.

– Quoi ? Arrête !

– C'est trop drôle de le harceler, je ne peux plus me retenir !

– Que c'est pervers, Nakamura ! Quand on est une fille à grosse poitrine, c'est plutôt les autres qui le deviennent.

Kayano fixa la poitrine de Nakamura.

– Mais c'est moi la perverse, donc je vais aussi te harceler, Kayano !

– Quoi ?!

"Male" et "female" sont les appellations scientifiques et académiques de "homme" et "femme". On peut donc les utiliser pour les animaux autres que les humains.
À l'inverse, "man" et "woman" ne peuvent être utilisés que pour les humains. Alors Koro-sensei serait "male" mais pas "man" ?

Nakamura passa son bras autour du cou de Kayano.

– Mais arrête ! lui dit-elle.

– Vous étudiez ensemble, c'est bien.

L'énorme visage de Koro-sensei venait d'apparaître dans la classe.

– Heu, oui...

– L'amour peut naître à la suite d'un travail de groupe...! Gnuh hu hu !

Koro-sensei affichait un sourire niais.

– Vous avez des pensées mesquines. On n'est pas comme ça ! Puisque vous êtes là, je vais aussi vous prédire votre avenir, lança Kayano.

– Prédire l'avenir ? lui répondit Koro-sensei.

– Oui, on ouvre le manuel au hasard, et le mot qui apparaît est en rapport avec ce que vous êtes, répliqua Nakamura.

– C'est bien, vas-y ! répondit Koro-sensei.

Nakamura ouvrit le "Korotan" au hasard.

– "Dirty"..., poursuivit Nakamura.

– "Dirty" ? Ce mot ne me concerne pas ! s'exclama Koro-sensei.

– C'est parfait, au contraire ! Mesquin, pervers sexuel, c'est tout à fait "dirty" ! fit remarquer Kayano.

– Comment pouvez-vous me dire ça à moi, qui suis droit et intègre, à la conduite irréprochable, rempli de bienveillance jusqu'au bout des tentacules ? répondit Koro-sensei en resserrant sa cravate.

COURS SPÉCIAL

Special Lesson

Les adjectifs de base

Les adjectifs de base sont présentés dans le cours spécial du 2e chapitre. C'est du vocabulaire basique, mais il est très utilisé. Retenez bien ces adjectifs avant de passer à la suite.

all	tout
another	autre
bad	mauvais
best	meilleur
better	mieux
big	grand
both	tous les 2
clean	propre
clear	clair
cold	froid
cool	frais
crazy	fou
dangerous	dangereux
dark	sombre
deep	profond
dry	sec
each	chacun
easy	facile
either	l'un ou l'autre
else	autre
enough	suffisant

exciting	excitant
expensive	cher
far	loin
fast	rapide
few	peu
fine	bon, bien
first	premier
free	libre
fresh	frais
full	plein
glad	content
good	bon
great	génial
half	moitié
hard	dur
heavy	lourd
high	élevé
hot	chaud
hungry	qui a faim
important	important
late	tard

least	le moins
left	gauche
less	moins
light	léger, clair
little	petit
long	long
low	bas
main	principal
many	beaucoup
more	plus
most	la plupart
near	près
new	nouveau
next	prochain
nice	bien
old	vieux
only	seul
perfect	parfait
poor	pauvre
pure	pur
quiet	silencieux
ready	prêt
real	vrai
rich	riche
right	droit, correct
safe	sûr
same	même
short	court
simple	simple
slow	lent
small	petit
soft	doux
sorry	désolé
special	spécial
still	immobile
strong	fort
sweet	sucré

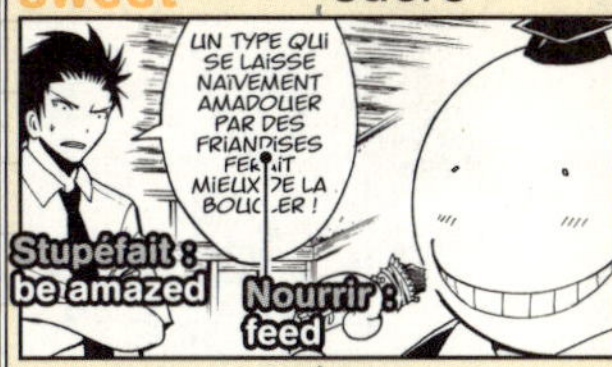

tall	haut
tired	fatigué
used	usé
very	très
warm	chaleureux
welcome	accueilli
well	bien
wonderful	merveilleux
worse	pire
worst	le pire
young	jeune

Date

COURS SPÉCIAL

Special Lesson

Vocabulaire pour parler de la famille

En augmentant petit à petit le niveau, on va maintenant voir le vocabulaire en anglais pour désigner la famille. Retenez bien les termes comme “oncle”, “tante”, “nièce” qu’on n’utilise pas beaucoup d’habitude.

family : famille

friend : ami

Vocabulaire qui désigne le reste de la famille

grandfather grandmother grand-père grand-mère	aunt tante	uncle oncle
grandchild petit-fils petite-fille	nephew neveu	niece nièce
great-grandfather great-grandmother arrière-grand-père arrière-grand-mère	cousin cousin(e)	granduncle grand-oncle
great-grandchild arrière-petit-fils arrière-petite-fille	second cousin petit(e)-cousin(e)	grantaunt grand-tante
twin jumeau	spouse époux / épouse	...-in-law beau (père) belle (mère)

COURS SPÉCIAL

Special Lesson

Vocabulaire pour indiquer l'heure

Ensuite, le vocabulaire anglais pour indiquer l'heure. Ici aussi, tout comme pour la famille, sont inclus des termes que vous utilisez peu d'habitude. Mais retenez-les bien.

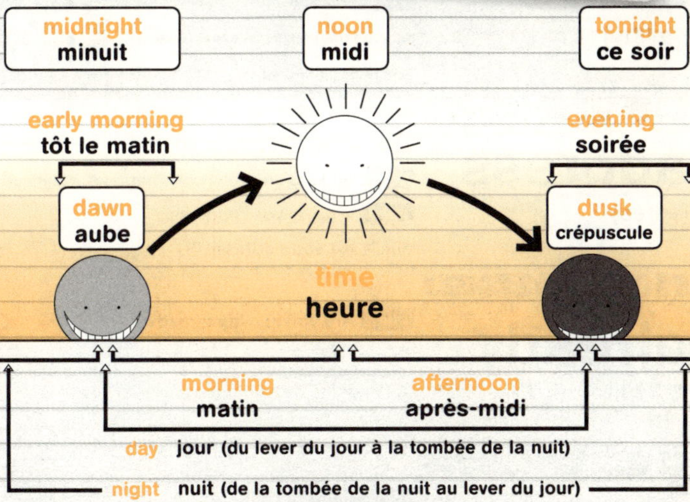

Vocabulaire qui désigne le reste du temps

the day before yesterday avant-hier	now maintenant	the day after tomorrow après-demain
yesterday hier	today aujourd'hui	tomorrow demain
hour heure	minute minute	second seconde
year année	month mois	week semaine
millennium millénaire	century siècle	decade décennie
leap year année bissextile	dead of the night au cœur de la nuit	moment moment
eternity éternité	term période de cours	semester semestre

Date · ·

ADJECTIF **Être capable de**

able
[éɪbl]

EXEMPLE Be able to do : être capable de faire

EXEMPLE Our teacher is able to fly at the speed of Mach 20 : notre professeur est capable de voler à la vitesse Mach 20.

ADJECTIF **Actif**

active
[ˈæktɪv]

DÉRIVÉ Activity : activité

EXEMPLE The students are active in assassination training : les élèves s'investissent dans l'entraînement à l'assassinat.

NOM VERBE TRANSITIF **Adresse**, **adresse e-mail**, **allocution**/**s'adresser à**

address
[ədrés]

EXEMPLE Address an audience : s'adresser à une audience

EXEMPLE What is your address : quelle est votre adresse ?

ADVERBE **Déjà**

already
[ɔːlrédi]

EXEMPLE Are you leaving already ? Tu pars déjà ?

ADJECTIF **Fâché**

angry
[ˈæŋgri]

SYNONYME furious, mad

"I told you that assassinations must not distract you from your studies. As a punishment, you must stand at the back and attend class." "... sorryyyy... You don't need to get that **angry**."

VERBE INTRANSITIF VERBE TRANSITIF **Croire**, **penser**

believe
[bəlíːv, bɪ-]

EXEMPLE It is believed that : nous croyons que ~

EXEMPLE Do you believe in God ? : crois-tu en Dieu ?

DÉRIVÉ Belief : croyance

— | VERBE INTRANSITIF | — | — | —

belong

[bəlˈɔːŋ, bɪ-]

Appartenir

EXEMPLE This library belonged to my father.

Cette bibliothèque appartenait à mon père.

ATTENTION La forme progressive n'est pas possible.

NOM | — | — | — | —

birth

[bˈɚːθ]

Naissance

EXEMPLE Give birth to : donner naissance à ~

NOM | VERBE INTRANSITIF | VERBE TRANSITIF | — | —

break

[bréɪk]

Casser, rompre (une promesse), plier/se casser, tomber en panne, fracturer/pause

EXEMPLE Break into pieces : casser en mille morceaux

EXEMPLE Break the law : enfreindre la loi

NOM | — | — | — | —

century

[séntʃ(ə)ri]

Siècle

EXEMPLE The early / mid / late nineteenth century :

début / milieu / fin 19e siècle

NOM | — | VERBE TRANSITIF | — | —

challenge

[tʃˈælɪndʒ]

Défi, contestation/contester, défier

EXEMPLE The problem challenged me to tackle it :

le problème m'a mis au défi de m'y mettre.

DÉRIVÉ Challenging : stimulant

NOM | — | — | — | —

character

[kˈærəktɚ]

Caractère, particularité, personnage

EXEMPLE The national character :

le caractère national

DÉRIVÉ Characteristic : caractéristique

DÉRIVÉ Characterize : caractériser

NOM | — | — | ADJECTIF | —

classic

[klˈæsɪk]

Classique, standard, conventionnel

EXEMPLE A classic album : un album classique

DÉRIVÉ Classical : classique

NOM — — — — **Habits**

clothes

[klóʊ(ð)z]

NOM — — — — **Université (établissement éducatif)**

college

[kálɪdʒ]

SYNONYME University : (Général) Université

— — — ADJECTIF — **Commun, courant, fréquent**

common

[kámən]

EXEMPLE Common sense : sens commun

EXEMPLE A common name : un nom courant

OPPOSÉ Rare : rare

NOM — — — — **Entreprise, compagnie**

company

[k'ʌmp(ə)ni]

EXEMPLE I always enjoy her company : j'apprécie toujours sa compagnie.

NOM — — — — **Condition, état, environnement**

condition

[kəndíʃən]

EXEMPLE Living / working conditions : conditions de vie / de travail

EXEMPLE On condition that : à la condition que ~

NOM — — — — **Couple, 2~3**

couple

[k'ʌpl]

EXEMPLE A couple of minutes : 2, 3 minutes

EXEMPLE A married couple : un couple marié

SYNONYME Pair

NOM — — — — **Crime**

crime

[kráɪm]

DÉRIVÉ Criminal : criminel

NOM — VERBE TRANSITIF — — **Soigner/soin**

cure
[kj'ʊɚ]

EXEMPLE A cure for AIDS :
un traitement contre le sida

— — — ADJECTIF — **Mort, ne plus avoir (de batteries, etc.)**

dead
[déd]

EXEMPLE This line is dead :
cette ligne téléphonique n'est plus en service.

DÉRIVÉ die : mourir / Death : mort

NOM — — — — **Document**

document
[dάkjʊmənt]

EXEMPLE Create / edit a document :
créer / éditer un document

NOM VERBE INTRANSITIF VERBE TRANSITIF — — **Faire tomber, tomber/baisser, chuter/goutte**

drop
[drάp]

EXEMPLE Drop sweat : faire couler de la sueur

EXEMPLE A drop of rain : une goutte de pluie

— — — PRÉPOSITION — **Pendant**

during
[d(j)'ʊ(ə)rɪŋ]

ATTENTION During my sleep / while I was asleep :
pendant mon sommeil.

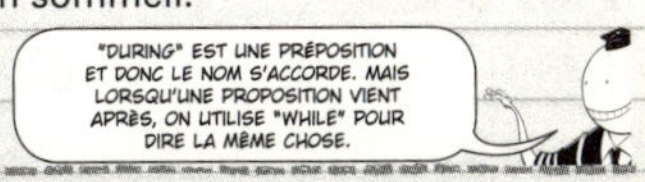

NOM — — — — **Effort**

effort
[éfɚt]

EXEMPLE Make an effort to do
Faire l'effort de ~

"I am expecting everyone to assassinate with all their might. For it is my highest pleasure to see your wisdom, plans and best **efforts**."

Date . .

VERBE TRANSITIF | ADJECTIF

equal

[í:kwəl]

Égalitaire, pareil/égaler

EXEMPLE Equal rights / opportunities : égalité des droits / des chances

DÉRIVÉ Equally : équitablement / Equality : égalité

DÉRIVÉ Equivalent : équivalent

ADJECTIF | ADVERBE

even

[í:v(ə)n]

Plat, régulier/même, bien que

EXEMPLE Even if : même si

EXEMPLE Even though : bien que

EXEMPLE Even better / worse : encore mieux / pire

SYNONYME Flat : plat

NOM

evidence

[évədns, -dèns]

Preuve

EXEMPLE There is some evidence of guilt : Il y a des preuves de culpabilité.

VERBE TRANSITIF

explain

[ɪkspléɪn, eks-]

Expliquer

DÉRIVÉ Explanation : explication

NOM

fact

[f'ækt]

Fait, le fait que (the fact that)

EXEMPLE Fact is stranger than fiction : La réalité dépasse la fiction.

EXEMPLE The fact that he is ill is known to everybody : tout le monde sait qu'il est malade.

VERBE INTRANSITIF

fail

[féɪl]

Échouer, ne pas réussir à

EXEMPLE The bullet failed to reach our teacher. La balle n'a pas réussi à atteindre notre professeur.

ADVERBE

far

[fάɚ]

Loin, extrême, beaucoup

EXEMPLE The booklet was far thicker than expected : la brochure est beaucoup plus épaisse que ce à quoi on s'attendait.

NOM — VERBE TRANSITIF — — **Peur/redouter**

fear

[fíə˞]

EXEMPLE He fears that he may go bald in the future : il redoute de devenir chauve à l'avenir.

"To me you just looked in **fear**. You and all the others."

— — — ADJECTIF — **Étranger**

foreign

[fˈɔːrən]

DÉRIVÉ Foreigner : étranger (personne)

EXEMPLE The fastest way to learn a foreign language is to go out with a native speaker : le moyen le plus rapide d'apprendre une langue étrangère est de sortir avec quelqu'un dont c'est la langue maternelle.

NOM — — ADJECTIF — **Futur**

future

[fjúːtʃə˞]

EXEMPLE In the (near) future : dans un futur (proche)

NOM VERBE INTRANSITIF VERBE TRANSITIF — — **Deviner/supposition**

guess

[gés]

EXEMPLE I guess his age at 35 = I guess that he is 35. Je devine qu'il a 35 ans.

DÉRIVÉ Make a guess : deviner

NOM — — — — **Sol, terre, raison**

ground

[gráʊnd]

EXEMPLE Have grounds to do : avoir les raisons pour

— VERBE INTRANSITIF — — — **Arriver, se produire**

happen

[hˈæp(ə)n]

EXEMPLE Whatever happens : quoi qu'il arrive

EXEMPLE Happen to do : (Faire quelque chose) par hasard

SYNONYME Occur : se produire

SYNONYME Take place : (Quelque chose de prévu) arriver

— — VERBE TRANSITIF — — **Tenir, contenir, serrer dans ses bras**

hold
[hóʊld]

EXEMPLE Hold a knife properly : tenir un couteau correctement

NOM — — ADJECTIF — **Humain**

human
[hjúːmən]

EXEMPLE Human behavior : comportement humain

— — VERBE TRANSITIF — — **Imaginer**

imagine
[ɪmˈædʒɪn]

EXEMPLE I cannot imagine how he destroyed the moon : je n'arrive pas à imaginer comment il a détruit la Lune.

DÉRIVÉ Image : image

DÉRIVÉ Imagination : imagination

NOM — — — — **Île**

island
[áɪlənd]

EXEMPLE The plan will take place in a small island in the south : le plan se déroulera sur une petite île du sud.

— — VERBE TRANSITIF — — **Joindre**

join
[dʒˈɔɪn]

EXEMPLE He was not allowed to join the voyage : il n'a pas été autorisé à se joindre au voyage.

NOM — — — — **Joie**

joy
[dʒˈɔɪ]

DÉRIVÉ Enjoy : apprécier

DÉRIVÉ Joyful : joyeux

NOM — — ADJECTIF — **Sorte/gentil**

kind
[káɪnd]

EXEMPLE What kind of a creature is he? Quelle sorte de créature est-il ?

NOM | VERBE INTRANSITIF | VERBE TRANSITIF | — | —

Guider, conduire, diriger/première position

lead

[lí:d]

EXEMPLE Lead A to do : diriger A pour faire

SYNONYME Guide : guider

SYNONYME Direct : diriger

DÉRIVÉ Leader : dirigeant

NOM | — | — | — | —

Conférence

lecture

[léktʃɚ]

EXEMPLE Give [deliver] a lecture :

donner une conférence

NOM | VERBE INTRANSITIF | — | — | —

S'allonger, être quelque part, mentir/mensonge

lie

[lάɪ]

EXEMPLE Lie in the future :

sera dans le futur (se passera)

EXEMPLE Tell a lie : mentir

— | — | — | ADJECTIF | —

Majeur

major

[méɪdʒɚ]

EXEMPLE A major problem : un problème majeur

DÉRIVÉ Majority : majorité (≠ minority : minorité)

— | — | VERBE TRANSITIF | — | —

Marier, épouser

marry

[mˈæri]

EXEMPLE He married her in 1987 : il l'a épousée en 1987.

DÉRIVÉ Married : marié / Marriage : mariage

OPPOSÉ Divorce : divorcer

NOM | — | — | — | —

Matériel

material

[mətí(ə)riəl]

EXEMPLE What is the material of this sphere ?

Quel est le matériel de cette sphère ?

De quoi est-elle faite ?

NOM | — | — | — | —

Mémoire (pouvoir)

memory

[mém(ə)ri]

EXEMPLE Have a good / bad memory :

avoir une bonne / mauvaise mémoire

NOM — VERBE TRANSITIF — —

mind

[máɪnd]

Esprit/déranger

EXEMPLE Mind and body : esprit et corps

EXEMPLE Do you mind if I smoke?

Est-ce que ça vous dérange que je fume ?

EXEMPLE Don't mind / Never mind : ne t'en fais pas.

NOM — — — —

neighbor

[néɪbɚ]

Voisin, pays voisin

DÉRIVÉ Neighborhood : voisinage

NOM — — — —

novel

[nάv(ə)l]

Roman

EXEMPLE A detective novel by Thomas Pynchon :

un roman policier de Thomas Pynchon.

DÉRIVÉ Novelist :

romancier

NOM — — — —

opportunity

[àpɚt(j)úːnəṭi]

Opportunité

EXEMPLE Never miss the opportunity to get him :

ne rate pas l'occasion de l'avoir.

NOM VERBE INTRANSITIF VERBE TRANSITIF — —

order

[ˈɔɚdɚ]

Ordre, système, commande/commander, ordonner

EXEMPLE Put A in order : ordonner à A de ~

EXEMPLE Give / issue an order : donner un ordre

EXEMPLE Keep/maintain order : maintenir l'ordre

NOM VERBE INTRANSITIF VERBE TRANSITIF — —

pay

[péɪ]

Payer/salaire

EXEMPLE Have you paid the rent yet ?

As-tu déjà payé le loyer ?

EXEMPLE Pay attention / honor to : faire attention à / rendre hommage à

DÉRIVÉ Payment : paiement

NOM — — — —

period

[pí(ə)riəd]

Période, époque

EXEMPLE A period of illness : période de maladie

NOM — VERBE TRANSITIF — — **Plante, usine/planter, semer**

plant
[plˈænt]

EXEMPLE A nuclear plant : une centrale nucléaire

EXEMPLE He is ordered to plant tulip bulbs gently : on lui a ordonné de planter délicatement les bulbes des tulipes.

— — — ADJECTIF — **Populaire, apprécié**

popular
[pάpjʊlɚ]

EXEMPLE Popular culture : culture populaire

EXEMPLE He is popular with the students : il a du succès auprès des étudiants.

NOM — — — — **Population**

population
[pὰpjʊléɪʃən]

EXEMPLE A large / small population : une grande densité / petite densité de population

— — — ADJECTIF — **Possible**

possible
[pάsəbl]

EXEMPLE Technology has made it possible for us to communicate rapidly : la technologie nous a permis de communiquer rapidement.

DÉRIVÉ Possibility : possibilité

Possibly : probablement, peut-être (= maybe, perhaps)

NOM — — — — **Pouvoir, force, puissance**

power
[páʊɚ]

EXEMPLE Military / political / economic power : pouvoir militaire / politique / économique

EXEMPLE Be in power : être au pouvoir

DÉRIVÉ Powerful : ayant du pouvoir, puissant

— — — ADJECTIF ADVERBE **Joli/assez**

pretty
[príṭi]

EXEMPLE Pretty good : super bien

"We decorated our knife sheaths."
"They're **pretty**, aren't they."

— — VERBE TRANSITIF — —

propose

[prəpóʊz]

Proposer

DÉRIVÉ Proposal : proposition

SYNONYME Suggest

— — VERBE TRANSITIF — —

protect

[prətékt]

Protéger

EXEMPLE This book is protected by copyright.

Ce livre est protégé par le droit d'auteur.

EXEMPLE Protect A from / against B : protéger A de B

DÉRIVÉ Protection : protection

— — — ADJECTIF —

public

[pˈʌblɪk]

Public

OPPOSÉ Private : privé

NOM — — — —

purpose

[pˈɚːpəs]

But, raison

EXEMPLE On purpose : exprès, volontairement

SYNONYME Aim : but, objectif

SYNONYME Goal : objectif

Even there, I was wrong.
Suddenly a monster came over and gave the class a big **purpose**.

— — — — ADVERBE

rather

[rˈæðɚ]

Plutôt, quelque peu

EXEMPLE Rather expensive : plutôt cher

EXEMPLE He is rather a fool : il est assez bête.

EXEMPLE I am a writer rather than a teacher :

je suis un auteur plutôt qu'un enseignant.

— VERBE INTRANSITIF VERBE TRANSITIF — —

reach

[ríːtʃ]

Atteindre

EXEMPLE Reach a conclusion / agreement :

arriver à une conclusion / un arrangement

EXEMPLE He reached for the knife : il a attrapé le couteau.

NOM | VERBE INTRANSITIF | VERBE TRANSITIF | — | —

reason

[ríːzn]

Raison/penser, raisonner

EXEMPLE The reason for being here : la raison d'être ici

EXEMPLE Reason out a conclusion : en déduire une conclusion

EXEMPLE The reason why I became an assassin : la raison pour laquelle je suis devenu un assassin.

— | VERBE INTRANSITIF | VERBE TRANSITIF | — | —

refuse

[rɪfjúːz]

Refuser

EXEMPLE She refused to follow her master : elle a refusé de suivre son maître.

NOM | — | VERBE TRANSITIF | — | —

request

[rɪkwést]

Requête, demande/solliciter

EXEMPLE Refuse [reject] a request : refuser (rejeter) une demande

EXEMPLE He requested that he should be kept informed : il a demandé à être informé en continu.

NOM | — | — | — | —

sale

[séɪl]

Vente, (au pluriel) chiffre de vente

EXEMPLE For Sale : en vente (objet, terrain)

— | VERBE INTRANSITIF | VERBE TRANSITIF | — | —

save

[séɪv]

Sauver, garder/économiser

EXEMPLE Save me a place : garde moi une place.

DÉRIVÉ Saving : économies

— | VERBE INTRANSITIF | VERBE TRANSITIF | — | —

sell

[sél]

Vendre

EXEMPLE Be sold out : à guichets fermés, afficher complet, avoir tout vendu.

NOM | — | — | ADJECTIF | —

several

[sév(ə)rəl]

Plusieurs

EXEMPLE Several countries : plusieurs pays

ATTENTION Several : les noms utilisés avec "several" sont toujours au pluriel.

NOM — — ADJECTIF — **Coté, flanc, latéral, supplémentaire**

side
[sáɪd]

EXEMPLE A house at the side of the lake : une maison au bord du lac

EXEMPLE Side by side : en joignant les forces, ensemble

EXEMPLE Side business : activité complémentaire

NOM VERBE INTRANSITIF VERBE TRANSITIF — — **Signe/signer**

sign
[sáɪn]

EXEMPLE He gave no sign of carelessness : il ne donna aucun signe d'inattention.

DÉRIVÉ Signal : signal / Significant : significatif

DÉRIVÉ Signature : signature

— — — ADJECTIF — **Silencieux**

silent
[sáɪlənt]

EXEMPLE The class fell silent : la classe devint silencieuse.

DÉRIVÉ Silence : silence

NOM — — — — **Situation**

situation
[sìtʃuéɪʃən]

EXEMPLE Sticky situation : situation épineuse, délicate

EXEMPLE Judging from the situation, our teacher seems to be the lingerie thief : à en juger par la situation, notre professeur semble être le voleur de sous-vêtements.

— — — ADJECTIF — **Étrange**

strange
[stréɪndʒ]

EXEMPLE I felt completely strange in the town : je ne me sentais pas à ma place dans cette ville.

DÉRIVÉ Stranger : étranger

OPPOSÉ Familiar : familier

— — — ADJECTIF — **Sûr, certain, va certainement faire**

sure
[ʃ'ʊɚ]

EXEMPLE She's sure to get furious at the graffiti : elle sera sûrement furieuse en voyant le graffiti.

— — VERBE TRANSITIF — — **(Tend to do) Tendre à, avoir tendance à faire**

tend
[ténd]

EXEMPLE Our teacher tends to yield to porn magazines : notre professeur a tendance à ne pas pouvoir résister à la lecture de revues érotiques.

DÉRIVÉ Tendency : tendance

NOM — — — — **Tour, voyage**

tour

[t'ʊɚ]

EXEMPLE Never forget to bring your pillow to the tour : n'oublie pas d'apporter ton oreiller pour le voyage.

SYNONYME Trip : voyage / Travel : voyager

SYNONYME Journey : (Long) voyage, séjour

"Humph, you guys are so childish. Once you **travel** around the world like me, a simple excursion is nothing."

NOM — VERBE TRANSITIF — — **Train/entraîner**

train

[tréɪn]

EXEMPLE They are all trained to assassinate their teacher : ils sont tous entraînés à assassiner leur professeur.

DÉRIVÉ Training : entraînement

— — — ADJECTIF — **Chaleureux**

warm

[w'ɔɚm]

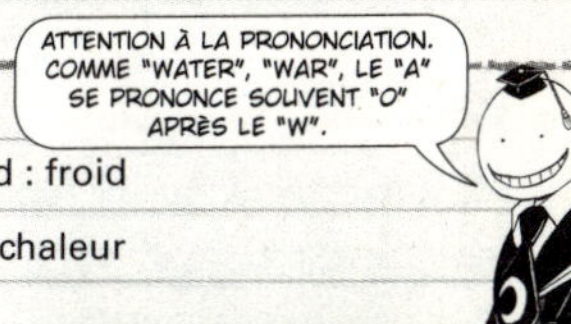

OPPOSÉ Cool, cold : froid

DÉRIVÉ Warmth : chaleur

"I feel that Mr. Karasuma, who devotes himself to being professional, is much **warm** hearted than Mr. Takaoka, who forcefully passes himself off as a father."

— — — ADJECTIF — **Large, grand**

wide

[wάɪd]

EXEMPLE A wide grin : un large sourire

EXEMPLE Wide experience : une expérience riche

SYNONYME Broad : large / Narrow : étroit

— — — ADJECTIF — **Faux**

wrong

[r'ɔːŋ]

EXEMPLE You're wrong / right : tu as tort / raison

3-E COURS SPÉCIAL

Cours de séduction de Madame Pouffe

Pour apprendre rapidement une langue étrangère, avoir une relation amoureuse avec quelqu'un dont c'est la langue maternelle est l'idéal. Je vais apprendre aux hommes comment séduire une femme.

IRINA POUFANOVITCH DATA

Tueuse professionnelle envoyée dans la classe E pour assassiner Koro-sensei. Très érotique, elle manipule sa langue pour assembler comme par miracle des figurines en plastique, etc.

You're so beautiful that you made me forget my pickup line.

T'es tellement belle que tu m'as fait oublier ma phrase d'approche.

Inutile de préparer plusieurs phrases pour draguer. Cette expression convient à plusieurs types de femmes.

I can't take my eyes off of you.

Tu trouves cela trop court ? Pff... Gamin, va ! Vient un temps où les femmes n'ont plus besoin de bla-bla. Hu hu hu !

Je n'arrive pas à te quitter du regard.

I never thought I could get such a feeling.

Je n'aurais jamais pensé éprouver un tel sentiment.

Le truc est de faire sentir aux femmes que "ce n'était pas prévu". Est-ce si difficile ?

I got bored just being your friend. Please be my girl (my boy).

À la différence de ce qu'on a vu jusqu'à présent, ceci est pour séduire une femme qui vous est déjà proche.

Je me suis lassé de n'être que ton ami. Sortons ensemble.

be my girl (my boy) : sortir ensemble (avoir une relation amoureuse)

I'm not drunk, I'm just intoxicated by you...

Ça, c'est une phrase que les adultes utiliseraient plus facilement. Vous êtes peut-être encore trop jeunes.

Je ne suis pas ivre, je suis simplement intoxiqué par toi...

Intoxicate : enivrer, rendre fou

This isn't coincidence, we were born to meet.

Ce n'est pas un hasard. Nous étions faits pour nous rencontrer.

Les femmes sont sensibles au mot "destin". Mais encore faut-il le dire au bon moment : au moment de la rencontre.

I'd like to be with you just a little more.

J'ai envie d'être avec toi encore un peu plus longtemps.

C'est une bonne phrase d'approche pour les personnes qui ont des contraintes horaires. Un couvre-feu, ou une relation longue distance, par exemple. C'est plutôt adapté à vous, étudiants.

The first thing I want to see in the morning is your face.

La première chose que je veux voir en me levant le matin est ton visage.

"En me levant le matin", ça veut dire ce que ça veut dire. C'est encore trop tôt pour vous, étudiants !

Tell me my faults, and I'll fix them all.

Cette phrase est utile pour transmettre à l'autre le sentiment : "je ferai tout pour toi". Même si certaines y seront complètement insensibles et n'y comprendront rien.

Dis-moi quels sont mes défauts, et je les corrigerai tous.

The longer I stare, the more beautiful you become.

Tu deviens de plus en plus belle à mesure que je t'observe.

C'est une bonne approche pour lui déclarer "qu'elle devient plus belle à chaque instant". À dire en ne quittant surtout pas le regard de l'autre.

Les hommes pensent sans doute au corps en disant ceci, mais ce n'est pas vulgaire pour autant.

You look like a piece of art.

Tu ressembles à une œuvre d'art.

Harcèlement sexuel inversé : counter sexual harassment

3-E COURS SPÉCIAL

L'art de faire "tomber les garçons comme des mouches" avec RIO NAKAMURA, la meneuse des Gyaru.

Si Madame Pouffe professe "l'anglais pour séduire une femme", moi je vais vous apprendre "l'anglais pour faire tomber les garçons" !

RIO NAKAMURA DATA

N° 1 en anglais dans la classe E, a obtenu la première place de l'année à l'examen de fin du premier trimestre. Harceler sexuellement, mater : a un fort potentiel érotique.

Aren't you thirsty ? Here you go. Oh !? So now we just kissed indirectly.

N'as-tu pas soif ? Tiens. Oh ?!
On s'est embrassés indirectement.

Indirect kiss : baiser indirect

We can be together all day long.

On peut être ensemble toute la journée.

I just wanted to hear your voice.

Je voulais juste entendre ta voix.

Can I fall in love with you?

Puis-je tomber amoureuse de toi ?

I have never met anyone like you ♡

Je n'ai jamais rencontré
quelqu'un comme toi.

3-E COURS SPÉCIAL

Les faux anglicismes par YUMA ISOGAI

YUMA ISOGAI DATA

Beau garçon qui a bon caractère, il est le leader de la 3-E. Il a été le premier de l'année en sociologie, en dépassant les cinq prodiges.

En sociologie, matière que je maîtrise bien, on fait souvent des analogies. Je vous propose de regarder de plus près certains mots que l'on utilise en français et que l'on pense provenir de l'anglais, mais qui curieusement ont un autre sens en anglais ou n'existent pas. Il s'agit de faux anglicismes.

BABY-FOOT

En anglais, ce jeu ou sport se dira *football* ou *table football*, mais certainement pas *babyfoot*. Ce nom est en fait une marque déposée française. En Belgique, on utilise pour désigner le même jeu, le mot « kicker » qui est également un faux anglicisme, provenant du verbe anglais « to kick », donner un coup de pied (dans le ballon).

BASKET

En anglais, le sport n'est jamais abrégé et se dira donc *basketball* tandis que le mot anglais *basket* désigne, lui, un panier pour faire ses courses notamment.

BASKETS

Pour désigner ces confortables chaussures de sport, en anglais, on dira *trainers, sneakers* (aux USA) ou encore *tennis shoes*.

CAMPING

En anglais, le mot *camping* désigne uniquement le mode d'hébergement, alors qu'un *camping*, au sens du terrain sur lequel camper, se dira *campsite* ou *camping site, campground* ou *camping ground*.

DRESSING

En anglais, le terme *dressing* désignera le « fait de s'habiller », l' « habillement » en général, ou la « présentation » tandis que les filles qui rêvent toutes d'avoir un grand dressing (une penderie), devront préciser en anglais *a dressing room*.

PLANNING

Ce mot provient du verbe anglais *to plan*, « prévoir ». En anglais il a le sens de « planification », « prévision », « programmation », alors que « planning » tel que nous l'utilisons en français, au sens de « plan de travail », de « planigramme », se dira en anglais *program* ou *schedule*.

SMOKING

En anglais, ce terme désigne « le fait de fumer », le « tabagisme ». Alors que pour parler d'un *smoking*, au sens de la tenue de soirée, on dira *dinner jacket* (au Royaume-Uni) et *tuxedo* ou *tux* (aux USA).

CHAPTER 3

3e chapitre - Les bases ③

basic3

Tu seras à l'aise avec l'anglais du collège quand tu maîtriseras ce chapitre !

You can be confident in junior high school English once you master this chapter !

3. LE PARI DU MERCREDI

The bet on Wednesday

3. LE PARI DU MERCREDI

– Hé toi, t'as pas besoin de bosser ton vocabulaire d'anglais ? fit Yoshida pour interpeller Terasaka.

– Hein ? fit Terasaka, de mauvaise humeur.

– T'as un examen la semaine prochaine, seul avec Nagisa, n'est-ce pas ? ajouta Muramatsu en ricanant, ce qui énerva encore plus Terasaka qui s'enfonça dans son siège.

– Tu penses que me rappeler cette échéance va m'aider à m'y mettre, imbécile ?! répliqua Terasaka.

– T'es bête ! Si tu dois de toute façon passer le test, transforme cette épreuve en pari que le poulpe aime tant.

– …

– Comme pour les examens habituels, tu n'as qu'à lui dire de te donner une carotte pour te motiver, poursuivit Yoshida. Connaissant le poulpe, il sera sûrement partant.

– Je vois. Mais même si on me donne un tentacule, ça ne me sert à rien.

– Heu…

Cette réponse fit taire Yoshida et Muramatsu.

– Je vais t'apprendre un truc cool... reprit Yoshida.

– Qu'est-ce que c'est ?

– Madame Pouffe et Lovro étaient en compétition dans la simulation d'assassinat du Professeur Karasuma, n'est-ce pas ?

– Ouais ! Et après ?

– Il semble qu'un pari ait alors été lancé entre Koro-sensei et le Professeur Karasuma.

Koro-sensei a sans doute imaginé une carotte pour que le Professeur Karasuma s'y mette sérieusement.

Et s'agissant de lui, il faut plus qu'un tentacule pour le motiver.

Terasaka sourit malicieusement.

– Intéressant. Je vais aller parier avec le poulpe.

Il se leva et se dirigea vers la salle des professeurs.

Koro-sensei avoua facilement qu'un pari avait été lancé.

– J'ai effectivement parié avec le Professeur Karasuma. Tu l'avais remarqué ?

– Et qu'avez-vous parié ? lui demanda Terasaka.

– Si le Professeur Karasuma gagnait, je resterais immobile pendant une seconde, durant laquelle il pourrait m'assassiner.

– Sérieux ?

Terasaka s'excita. Une telle faveur n'avait jamais été accordée à un élève jusqu'ici.

– Au prochain examen de vocabulaire d'anglais, vous m'accorderez la même récompense si je ne fais aucune faute ?

Koro-sensei examina attentivement le visage de Terasaka, et gloussa.

– C'est la première fois que tu es motivé pour étudier l'anglais. C'est bon, pour t'encourager je vais prendre le pari.

– Cool !

– Cependant...

Koro-sensei leva deux doigts de ses tentacules.

– Cela ne sera valable que si Nagisa et toi arrivez tous les deux à faire un sans-faute.

– Pourquoi tous les deux ?

– Une seconde d'assassinat à volonté, c'est bien payé. Laisse-moi placer la barre plus haut.

Terasaka réfléchit en fusillant du regard Koro-sensei qui arborait un sourire moqueur.

– Nagisa se débrouille déjà bien en anglais, ça devrait aller ! pensa Terasaka.

– C'est la seule condition que vous fixez ?

– Oui ! répondit Koro-sensei.

– Vous tiendrez votre promesse ?

– Les super-organismes n'ont qu'une seule parole !

La porte de la salle des professeurs s'ouvrit bruyamment.

Monsieur Karasuma fusilla Koro-sensei du regard.

– Pro… Professeur Karasuma, vous écoutiez ?!

Koro-sensei s'agita en l'apercevant.

– Terasaka, tu es en train de te faire avoir ! lui dit le Professeur Karasuma.

– Comment ?!

Le Professeur Karasuma le lui expliqua en ces termes :

– Je ne l'ai appris qu'une fois avoir perdu, mais Koro-sensei avait préparé une armure au cas où. Un truc épais, qui le recouvrait parfaitement de la tête aux extrémités des tentacules.

– Quoi ?

Terasaka fusilla à son tour Koro-sensei du regard.

– Gloups, j'ai... je l'ai vendu aux enchères Yahoo ! rétorqua Koro-sensei.

– Comme si vous pouviez vendre un truc pareil, ne mentez pas ! Vous allez le faire sans armure !

– Mais si je reste immobile une seconde sans armure, je vais mourir !! dit Koro-sensei.

– Bien sûr, puisque je le fais pour vous trucider, professeur.

– Alors serait-il possible de m'embrocher ? Je ne porterai pas d'armure et je ne bougerai pas, je le promets.

Koro-sensei le suppliait, frottant ses tentacules et laissant couler des sueurs froides sur son front. Terasaka acquiesça.

– C'est bon. Je vais vous accorder ça. Mais ne trichez plus !

– Alors... que dirais-tu de ça, Terasaka ?

Koro-sensei traça rapidement des lettres sur un papier épais et rigide.

Supplier quelqu'un à genoux :
implore somebody on one's bended knees

– Avec ça tu n'auras plus à te plaindre…

– Hum…

Terasaka accepta le bon pour l'embrochage en bougonnant et quitta la salle des professeurs.

– Attends !

Le Professeur Karasuma arrêta Terasaka qui était dans le couloir.

– Ne gâche pas cette chance ! lui dit-il.

– Ouais… répondit Terasaka après un moment d'hésitation.

Date

COURS SPÉCIAL

Special Lesson

Les verbes de base

Le cours spécial du 3e chapitre sera sur les verbes de base. Gnuh hu hu ! J'ai un peu changé le système. Cette fois-ci, ce sont les termes en français et non en anglais qui disparaissent quand tu appliques sur la page la fiche rouge jointe au manuel.

become	devenir

call	appeler
catch	attraper

change	changer
close	fermer
come	venir
cook	cuisiner

count	compter
cover	couvrir

cry	pleurer
cut	couper
dance	danser
do	faire
drink	boire

eat	manger

enjoy	apprécier

enter	entrer
feel	sentir
fight	battre
find	trouver

fit	bien aller
fly	voler
get	recevoir
give	donner
guard	protéger
have	avoir

hear	entendre
help	aider
jump	sauter
keep	garder
know	savoir

laugh	rire
learn	apprendre
let	laisser
like	aimer
listen	écouter
live	vivre
love	aimer
make	faire
mark	marquer
meet	rencontrer

mix	mélanger
move	bouger
need	avoir besoin
open	ouvrir
paint	peindre
play	jouer
print	imprimer
pull	tirer
push	pousser
put	mettre
read	lire
repeat	répéter
return	retourner

ride	monter à
roll	rouler
run	courir
say	dire
see	voir
seem	sembler
set	mettre

show	montrer

sing	chanter
sit	asseoir
sleep	dormir
speak	parler
stand	tenir debout
stay	rester
stop	arrêter

study	étudier
swim	nager
take	prendre

talk	parler
teach	enseigner
tell	dire

thank	remercier
think	penser
touch	toucher
try	essayer

turn	tourner

understand	comprendre

use	utiliser
wait	attendre

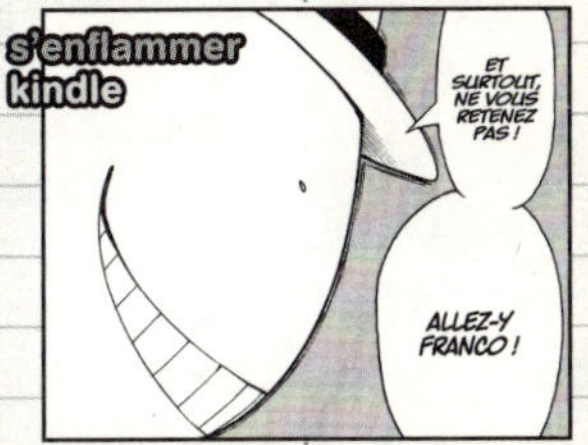

wake	réveiller
walk	marcher
want	vouloir
wash	laver
watch	regarder

work	travailler
write	écrire

COURS SPÉCIAL

Special Lesson

Sport/couleurs

Ensuite, voici le sport et les couleurs. J'ai essayé de constituer du vocabulaire en anglais à partir de ce qui s'est passé pendant le cours de sport ou les cours d'été, ou encore à partir des objets et de mes expressions du visage.

sport : sport

baseball
baseball

soccer
football

basketball
basketball

assassination badminton
badminton
assassin

pole war
jeu du poteau

cops and robbers
jeu des policiers et des voleurs

rock climbing
escalade

Liste de vocabulaire du sport

football	**soccer**
volleyball	**volleyball**
lutte	**wrestling**
escrime	**fencing**
rugby	**rugby**
hockey sur glace/sur gazon	**ice/field hockey**
natation	**swimming**
ski	**skiing**

boxe	**boxing**
musculation	**body-building**
judo	**judo**
tir à l'arc	**archery**
danse	**dance**
équitation	**horse riding**
planche à voile	**windsurfing**
cyclisme	**bicycling**

couleur : color

red
rouge

white
blanc

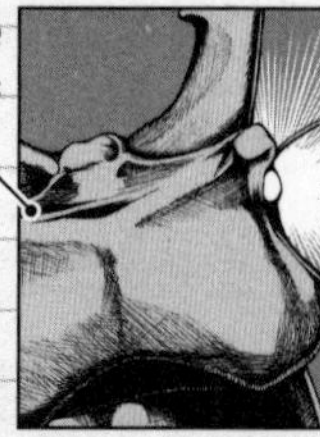

blue
bleu

gold
doré

● Les différentes expressions de Koro-sensei en couleurs

Normal **normal**

yellow
jaune

Faux **wrong**

purple
violet

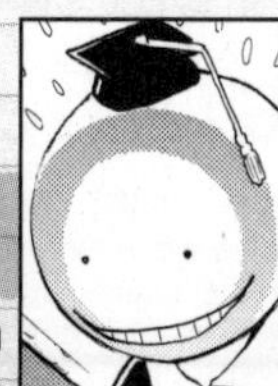

Correct **correct**

vermilion
vermillion

Dédaigneux **contemptuous**

striped green
rayures vertes

Inattentif **careless**

pale pink
rose pâle

Rage **rage**

black
noir

VERBE INTRANSITIF

agree

[əgríː]

Être d'accord, se mettre d'accord

EXEMPLE I agree with you : je suis d'accord avec toi.

DÉRIVÉ Agreement : accord

VERBE INTRANSITIF

appear

[əpíɚ]

Apparaître, sembler

EXEMPLE It appears that : il apparaît que

EXEMPLE She appears to be wise : elle a l'air sage.

SYNONYME Seem

VERBE INTRANSITIF VERBE TRANSITIF

argue

[ɑ́ɚgjuː]

Se battre, débattre/défendre (une idée)

EXEMPLE Argue with : se fâcher avec

EXEMPLE Argue about / over : se battre à propos de

EXEMPLE Professors argue that :

les professeurs affirment que ~

VERBE INTRANSITIF VERBE TRANSITIF

attend

[əténd]

Assister à, participer à, écouter avec attention, s'occuper de

EXEMPLE Attend school : aller à l'école

EXEMPLE Attend to what he's saying : faire attention à

ce qu'il dit (=pay attention to)

EXEMPLE Attend to the baby : s'occuper du bébé (= look after)

NOM

audience

[ˈɔːdiəns]

Audience, public

EXEMPLE Attract an audience : attirer une audience

VERBE TRANSITIF

avoid

[əvˈɔɪd]

Éviter

EXEMPLE Have you been avoiding me ?

Est-ce que tu m'évites ?

"Right there ! Stab him !!"
"Dammit, even in this situation, he's being slippery and **avoiding every attack.**"

— VERBE INTRANSITIF — ADJECTIF — **Se réveiller/réveillé**

awake

[əwéɪk]

EXEMPLE Awoke one morning to find myself famous : j'ai découvert en me réveillant un matin que j'étais célèbre.

OPPOSÉ Asleep : endormi

NOM — — — — **Beauté**

beauty

[bjúːṭi]

Ms. Kanzaki is diligent, ladylike and, what is more, she is a **beauty**. She doesn't stand out, but she's popular with everyone in the class. No one would dislike being in the same group with her. "Please be nice to me, Nagisa." "Y-yeah."

NOM — — — — **Frontière, bout, bord**

border

[bˈɔɚdɚ]

EXEMPLE Across / over the border : de l'autre côté de la frontière

SYNONYME Boundary : limite

NOM — — — — **Cerveau**

brain

[bréɪn]

EXEMPLE His brain is filled with thoughts about Irumanju : sa tête est pleine de pensées à propos des brioches irumanjû.

— — VERBE TRANSITIF — — **Apporter, amener, provoquer**

bring

[bríŋ]

EXEMPLE Bring the book for you / bring you the book : t'apporter le livre.

EXEMPLE A good sleep brought me health : un bon sommeil m'a guéri

ATTENTION Bring : apporter quelque chose chez quelqu'un
Take : prendre chez quelqu'un

— — VERBE TRANSITIF — — **Construire**

build

[bíld]

EXEMPLE A house built of stone : une maison construite en pierre

DÉRIVÉ Building : un immeuble, un building

NOM — — — — **Cas, case**

case
[kéɪs]

EXEMPLE In many cases : dans la plupart des cas

EXEMPLE Win / lose a case : gagner / perdre une affaire judiciaire

NOM — — — — **Argent liquide**

cash
[kˈæʃ]

EXEMPLE In cash : en liquide

NOM — VERBE TRANSITIF — — **Cause • raison/causer**

cause
[kˈɔːz]

EXEMPLE Cause and effect : cause et effet

EXEMPLE Smoking causes lung cancer : fumer cause le cancer des poumons.

NOM — — — — **Téléphone mobile**

cellphone
[sélfòʊn]

SYNONYME Mobile phone

— — — ADJECTIF — **Bon marché, bas de gamme**

cheap
[tʃíːp]

OPPOSÉ Expensive : cher

NOM — — — — **Citoyens, habitants**

citizen
[síṭəzn]

EXEMPLE The citizens of Iruma : les habitants d'Iruma

— — — ADJECTIF — **Conscient**

conscious
[kάnʃəs]

EXEMPLE I became conscious of someone watching me : j'ai pris conscience que quelqu'un m'observait.

SYNONYME Aware

DÉRIVÉ Consciousness : conscience / Self-conscious : complexé

NOM — — — — **Consommateur**

DÉRIVÉ Consume : consommer

consumer

[kənsúːmɚ]

EXEMPLE He's more of a consumer rather than a creator : c'est plus un consommateur qu'un créateur.

NOM — — — — **Conversation**

EXEMPLE Have a conversation : avoir une conversation

conversation

[kɑ̀nvɚséɪʃən]

— — — ADJECTIF — **Journalier, quotidien**

daily

[déɪli]

EXEMPLE A daily newspaper : un journal quotidien

EXEMPLE Daily life : vie quotidienne

NOM — VERBE TRANSITIF — — **Dommage/endommager**

damage

[dˈæmɪdʒ]

EXEMPLE Cause / do damage to : endommager / causer du tort à ~

EXEMPLE These special arms enable us to cause damage to our teacher : ces armes spéciales nous permettent de causer du tort à notre professeur.

— — — ADJECTIF — **Dangereux**

dangerous

[déɪndʒ(ə)rəs]

EXEMPLE That place is so dangerous that even the police are scared to enter : cet endroit est tellement dangereux que même la police a peur d'y entrer.

OPPOSÉ Safe

NOM — VERBE TRANSITIF — — **Date, rendez-vous galant/dater, aller à un rendez-vous galant**

date

[déɪt]

EXEMPLE The letter is dated July 13, 1987 : cette lettre est datée du 13 juillet 1987.

— — VERBE TRANSITIF — — **Nier, refuser**

deny

[dɪnáɪ]

EXEMPLE Our teacher denied stealing brassieres : notre professeur a nié avoir volé des brassières.

NOM — VERBE TRANSITIF — — **Désire/désirer**

desire

[dɪzáɪɚ]

EXEMPLE Desire to do : désirer faire

EXEMPLE Sexual desire : désir sexuel

"*But* I want to win Koro-Teacher.
I don't just want to fight well, I **desire** to win."

— VERBE INTRANSITIF — — — **Disparaître**

disappear

[dìsəpíɚ]

"That's amazing, Sugino !!
The ball curved as if it **disappeared** !! "

NOM — VERBE TRANSITIF — — **Doute/douter**

doubt

[dáʊt]

EXEMPLE I doubt he'll come : je doute qu'il vienne = je pense qu'il ne viendra pas.

EXEMPLE I doubt it : j'en doute = je ne le crois pas

NOM — — — — **Obligation**

duty

[d(j)úːṭi]

EXEMPLE Triumph is the duty of the chosen : le triomphe est le devoir des élus.

SYNONYME Obligation, responsibility

NOM — — — — **Éducation**

education

[èdʒʊkéɪʃən]

DÉRIVÉ Educate : éduquer

DÉRIVÉ Educational : éducatif

— — — ADJECTIF —

Vide

empty

[ém(p)ti]

SYNONYME Vacant ≠ full

NOM — — — —

Énergie

energy

[énɚdʒi]

EXEMPLE Solar / nuclear energy :
énergie solaire / nucléaire

NOM — — — —

Époque

era

[í(ə)rə]

EXEMPLE The end of an era : la fin d'une époque

— — — ADJECTIF —

Célèbre

famous

[féɪməs]

RÉFÉRENCE On utilise "infamous" et "notorious" pour exprimer la célébrité dans un sens négatif.

— — — — ADVERBE

Enfin, finalement

finally

[fάɪnəli]

DÉRIVÉ Final : final

— — — — ADVERBE

Éternellement

forever

[fərévɚ]

EXEMPLE Forever and ever : pour toujours

— VERBE INTRANSITIF VERBE TRANSITIF — —

Rassembler, se rassembler

gather

[gˈæðɚ]

EXEMPLE Gather around, folks :
rassemblez-vous, les gars.

NOM — — — — **Objectif, but**

goal

[góʊl]

SYNONYME Aim

NOM — — — — **Santé**

health

[hélθ]

EXEMPLE Be in good / poor health : être en bonne / mauvaise santé

EXEMPLE Health care : services de santé

DÉRIVÉ Healthy : sain

NOM — — — — **Héros**

hero

[hí:roʊ]

DÉRIVÉ Heroic : héroïque

OPPOSÉ Villain : méchant / Heroine : héroïne

NOM VERBE INTRANSITIF — — — **Se dépêcher, (be in a hurry) être pressé**

hurry

[hˈɚ:ri]

EXEMPLE Hurry up : dépêche-toi !

— VERBE INTRANSITIF VERBE TRANSITIF — — **Insister**

insist

[ɪnsíst]

EXEMPLE She insisted on her innocence / she insisted that she is innocent : elle insista sur son innocence.

NOM — — — — **Intérêt**

interest

[íntrəst]

EXEMPLE The interest on the loan : l'intérêt de l'emprunt

DÉRIVÉ Interested : intéressé

DÉRIVÉ Interesting : intéressant

— — VERBE TRANSITIF — — **Inviter**

invite

[ɪnvάɪt]

EXEMPLE She finds it hard to invite him for a meal : elle a des difficultés à l'inviter à dîner.

DÉRIVÉ Invitation : invitation

— — VERBE TRANSITIF — — **Tuer**

kill

[kíl]

"Let us hope you can **kill** me by graduation."

NOM — — — — **Manières, manière de faire**

manner

[mˈænɚ]

EXEMPLE In the usual manner : de la manière habituelle

EXEMPLE Good / bad manners : de bonnes / mauvaises manières

NOM — — ADJECTIF — **(Du) milieu**

middle

[mídl]

EXEMPLE In the middle of : au milieu de

EXEMPLE Middle age : d'un âge moyen

— — — ADJECTIF — **Mineur, petit, de la minorité**

minor

[máɪnɚ]

OPPOSÉ Major

DÉRIVÉ Minority : minorité (≠ majority)

— VERBE INTRANSITIF VERBE TRANSITIF — — **Opérer**

operate

[ɑ́pərèɪt]

EXEMPLE She is no longer operated by her master : elle n'est plus dirigée par son maître.

SYNONYME Work : faire bouger, bouger

DÉRIVÉ Operation : opération, travail

— — — ADJECTIF — **Original**

original

[ərídʒ(ə)nl]

EXEMPLE The original number of his hands and feet : le nombre original de ses pieds et de ses mains

DÉRIVÉ Origin : origine

Originality : originalité

NOM — — — —

pain

[péɪn]

Douleur, peine

EXEMPLE Have a pain in the head : avoir mal à la tête

DÉRIVÉ Painful : douloureux

Painkiller : antidouleur

NOM — — — —

pleasure

[pléʒɚ]

Plaisir, joie

EXEMPLE Take pleasure in caring :

avoir du plaisir à prendre soin (de)

SYNONYME Pleasant : plaisant

SYNONYME Pleased : content

— — — ADJECTIF —

proud

[práʊd]

Fier

DÉRIVÉ Pride : fierté

EXEMPLE I'm proud of my students.

= I take pride in my students :

Je suis fier de mes élèves.

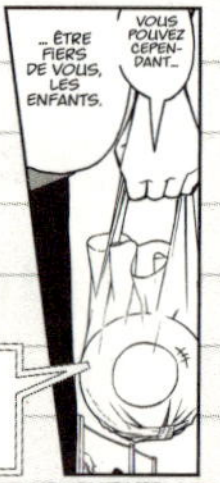

"However, everyone should be **proud**."

— — — ADJECTIF —

quick

[kwík]

Rapide

EXEMPLE A quick / slow learner :

en apprenant rapidement / lentement

DÉRIVÉ Quickly : rapidement, tout de suite (=soon)

SYNONYME Fast

— — VERBE TRANSITIF — —

raise

[réɪz]

Augmenter, élever

EXEMPLE Raise your hand if you know the answer :

levez votre main si vous connaissez la réponse.

EXEMPLE I was born and raised on Earth !

Je suis né et j'ai été élevé sur Terre !

— — — ADJECTIF —

real

[ríː(ə)l, ríəl]

Réel, vrai

EXEMPLE For real ? Pour de vrai ? (= Are you sure ?)

EXEMPLE Real estate : immobilier

DÉRIVÉ Reality : réalité / Really : vraiment, en fait

ADJECTIF **Régulier**

regular
[régjʊlɚ]

EXEMPLE A regular customer : un client régulier

OPPOSÉ Irregular : irrégulier

DÉRIVÉ Regularly : régulièrement

Regulation : régulation

NOM **Religion**

religion
[rɪlídʒən]

DÉRIVÉ Religious : religieux

VERBE TRANSITIF **Ressembler à**

resemble
[rɪzémbl]

EXEMPLE The transfer student resembles our teacher : le nouvel élève ressemble à notre professeur.

NOM VERBE INTRANSITIF **Augmenter, se lever/augmentation**

rise
[rάɪz]

EXEMPLE Rise by 3% : augmenter de 3 % (≠ fall)

EXEMPLE Rise from a chair : se lever d'une chaise

NOM VERBE TRANSITIF **Règle, direction/diriger**

rule
[rúːl]

EXEMPLE Our school is ruled by the chief director : notre école est dirigée par le directeur en chef.

"It's my win.
According to the **rules**, it's the death penalty for you.
You won't have a second chance to kill me, will you ?"

ADJECTIF **Sûr**

safe
[séɪf]

EXEMPLE Safe to eat / drink : propres à la consommation

DÉRIVÉ Safety : sécurité

OPPOSÉ Dangerous, unsafe

NOM — — — — **Scène**

scene
[síːn]

EXEMPLE The murder scene : la scène de crime

DÉRIVÉ Scenery : paysage

View : vue

NOM — — ADJECTIF — **Secret**

secret
[síːkrət]

EXEMPLE It's a secret that I'm an artificial creature : le fait que je suis une créature artificielle est un secret.

EXEMPLE Keep / reveal a secret : garder / révéler un secret

— — VERBE TRANSITIF — — **Envoyer**

send
[sénd]

EXEMPLE Send a letter to him

= send him a letter : lui envoyer une lettre

— — — ADJECTIF — **Malade, être mal en point**

sick
[sík]

EXEMPLE He gets motion sick easily : il a facilement le mal des transports.

DÉRIVÉ Sickness : maladie, nausée

NOM VERBE INTRANSITIF — — — **Odeur, mauvaise odeur/sentir**

smell
[smél]

EXEMPLE I smell something sweet ! Je sens une odeur sucrée !

NOM VERBE INTRANSITIF — — — **Son/sembler**

sound
[sáʊnd]

EXEMPLE That sounds like a good idea : ça semble être une bonne idée.

NOM — — — — **Espace, vide**

space
[spéɪs]

EXEMPLE Clear a space : vider un endroit

EXEMPLE He is not from space : il n'est pas venu de l'espace.

— — VERBE TRANSITIF — — **Dépenser (de l'argent), passer du temps, consacrer**

spend
[spénd]

EXEMPLE We spent five hours in Hawaii : on a passé 5 heures à Hawaii.

NOM — VERBE TRANSITIF — — **Endroit, tache/trouver, repérer**

spot
[spɑ́t]

EXEMPLE There was a spot on his shirt : il y avait une tache sur sa chemise.

EXEMPLE He's easy to spot even among this crowd : il est facile à repérer même dans cette foule.

NOM — — ADJECTIF — **Standard, norme/habituel**

standard
[stˈændɚd]

EXEMPLE The students of 3-E are of a high standard : les élèves de 3-E sont d'un haut niveau.

NOM — VERBE TRANSITIF — — **État/déclarer**

state
[stéɪt]

EXEMPLE New York State : État de New-York

EXEMPLE State your name and address : indiquez votre nom et votre adresse

DÉRIVÉ Statement : déclaration / Status : statut

NOM — VERBE TRANSITIF — — **Magasin, réserve, entrepôt/ garder, entreposer**

store
[stˈɔɚ]

EXEMPLE Store up snacks for winter use : faire des provisions de goûters pour l'hiver.

— — — — ADVERBE **Soudain**

suddenly
[sˈʌdnli]

EXEMPLE Suddenly, he entered the classroom breaking the wall : soudain, il entra dans la salle de classe en cassant le mur.

DÉRIVÉ Sudden : soudain

NOM — — — — **Symbole**

symbol
[símb(ə)l]

EXEMPLE The dove is a symbol of peace : la colombe est le symbole de la paix.

DÉRIVÉ Symbolic : symbolique

NOM | VERBE INTRANSITIF | — | — | —

taste

[téɪst]

Goût/avoir le goût de

EXEMPLE Have good / bad taste in : avoir bon / mauvais goût

EXEMPLE This knife tastes a little metallic : ce couteau a un peu un goût métallique.

— | — | — | — | ADVERBE

thus

[ðˈʌs]

Ainsi

EXEMPLE Thus ended our summer vacation : ainsi se sont finies nos vacances d'été.

NOM | — | — | ADJECTIF | —

total

[tóʊṭl]

Total

EXEMPLE Our strategy ended in a total failure. notre stratégie s'est finie sur un échec total.

NOM | VERBE INTRANSITIF | — | — | —

travel

[trˈæv(ə)l]

Voyage, déplacement/voyager

EXEMPLE He travels around the world flying at Mach 20 : il voyage à travers le monde en volant à la vitesse Mach 20.

SYNONYME Trip : voyage /Tour : tour / Journey : long voyage

NOM | — | — | — | —

trouble

[trˈʌbl]

Problème, danger

EXEMPLE You'll be in trouble if he catches you cheating : tu auras des problèmes s'il t'attrape en train de tricher.

— | — | — | ADJECTIF | —

useful

[júːsf(ə)l]

Utile, pratique

EXEMPLE His memos will be useful someday to kill our teacher : ses notes seront utiles un jour pour tuer notre professeur.

OPPOSÉ Useless : inutile

— | — | — | ADJECTIF | —

usual

[júːʒuəl]

Usuel

EXEMPLE His head was not of its usual size yesterday : hier, sa tête n'était pas à sa taille habituelle.

DÉRIVÉ Usually : normalement

OPPOSÉ Unusual : inhabituel

NOM | VERBE INTRANSITIF | VERBE TRANSITIF | — | — **Visite/rendre visite**

visit
[vízɪt]

EXEMPLE Pay a visit : rendre visite à quelqu'un

NOM | — | — | — | — **Voix**

voice
[vˈɔɪs]

NOM | — | — | — | — **Moyen • façon de faire, chemin, direction**

way
[wéɪ]

EXEMPLE A way to kill = a way of killing : un moyen de tuer

EXEMPLE In this way : de cette manière

EXEMPLE The other way : sens opposé

NOM | — | — | — | CONJONCTION DE COORDINATION **Pendant que, cependant/un certain temps**

while
[(h)wάɪl]

EXEMPLE For a while : pendant un certain temps

EXEMPLE While he destroyed the moon, he protects us : bien qu'il ait détruit la Lune, il nous protège.

NOM | — | VERBE TRANSITIF | — | — **Vœux/Espérer, avoir préféré que**

wish
[wíʃ]

EXEMPLE I wish I were an octopus : j'aurais aimé être un poulpe.

NOM | — | — | — | — **Jardin, yard (unité de mesure)**

yard
[jάɚd]

SYNONYME Garden

— | — | — | CONJONCTION DE COORDINATION | ADVERBE **(Ne pas avoir) encore, déjà/malgré cela**

yet
[jét]

EXEMPLE Have you killed him yet ? l'as-tu déjà tué ?

EXEMPLE We haven't killed him yet : on ne l'a pas encore tué.

3-E COURS SPÉCIAL

Conversation au Maid Café avec KÔTARÔ TAKEBAYASHI

KÔTARÔ TAKEBAYASHI DATA

Né dans une famille ou l'on est médecin de père en fils, il met à profit ses nombreuses connaissances. Mais c'est également un amoureux de la 2D et des Maid Cafés.

J'ai essayé de faire un cours avec les Maid Cafés que j'adore ! Hu hu, allez-vous tenter de l'utiliser dans votre café préféré ?

Les bases

Afin de profiter des Maid Cafés, apprenons les conversations de base, utiles quand on entre ou qu'on passe la commande.

Bienvenue chez vous, maître !
Welcome back home, my master !

Oui, je viens de rentrer.
Yes, I just got back.

Puis-je prendre votre commande, maître ?
May I take your order, master ?

Je vais prendre ce MOE-MOE omu-rice.
I'll take this MOE-MOE omu-rice.

Excusez-moi, mais ça va être l'heure de partir, maître.
Excuse me, it's about the time to leave, my master.

Quoi ?! Alors prolongeons de 30 minutes !
What ?! 30 minutes extension, then !

La pratique

Je vais vous présenter les conversations indispensables pour profiter du Maid Café. Essayez de vous mettre dans la peau du maître.

Voudriez-vous prendre une photo avec moi ?
Would you like to take a picture with me ?

Oui, veuillez s'il vous plaît former un cœur avec vos mains.
Yes, please make a heart shape using your hands.

Que voulez vous que j'écrive au ketchup sur votre omu-rice ?
What words would you like me to write on the omu-rice with ketchup ?

Une vraie fille est en 3D.
A real girl is in 3 dimensions.

Le dressage

Dresser une maid est le rêve de tout homme, mais gardez ça pour la 2D… À utiliser avec précaution.

Tiens, je vais te donner une récompense pour tes services.
Here, I will give you a reward for your service.

S'il vous plaît, soyez gentil…
Please be kind...

Dis-moi ce que tu es !!
Tell me what you are !!

Je suis votre chien, maître !!
I'm your dog, my master !!

Date · ·

3-E COURS SPÉCIAL

Sans scrupules : calculating

Salutations de la batterie d'artillerie autonome

Les salutations sont indispensables à la coopération. Je vais donc vous présenter celles d'un collège ordinaire et celles de Kunugigaoka, ainsi que leurs différences.

RITSU, LA BATTERIE D'ARTILLERIE AUTONOME DATA

Nouvelle élève venue de Norvège et machine à assassiner dotée d'une intelligence artificielle. Elle a désobéi à ses maîtres en privilégiant la coopération. Elle sait tout sur toutes les machines.

On va commencer les travaux de groupe aujourd'hui. Qui s'y colle en premier ?
We will now start homeroom. Who's on duty today ?

VERSION NORMALE — Normal Version

Vous pouvez **rester assis**, je vais noter les présences.
You may **stay seated**, but I will now take the roll.

Ceux qui ont **fini l'examen** sont libérés.
You are dismissed once you **finish the test.**

Ce serait vraiment bien qu'**il fasse beau** demain.
It would be great if **it's sunny** tomorrow.

Pendant ces vacances d'été, amusez-vous, étudiez et **fabriquez-vous de nombreux souvenirs**, aussi.
In this summer vacation, let's play much, study much, and **create a lot of memories**, too.

Ce sont les salutations habituelles.

VERSION SPÉCIALE KORO-SENSEI — Koro-Teacher Special Version

Vous pouvez **continuer à tirer**, je vais noter les présences.
You may **continue firing**, but I will now take the roll.

Ceux qui **ont fini de me tuer** sont libérés.
You are dismissed once you **finish killing** me.

Ce serait vraiment bien que **vous arriviez à me tuer** demain.
It would be great if **you can kill me** tomorrow.

Pendant ces vacances d'été, amusez-vous, étudiez et **tuez beaucoup**, aussi.
In this summer vacation, let's play much, study much, and **kill a lot**, too.

Ce sont des salutations originales qui se réfèrent toujours à l'assassinat.

Fin du cours !! Class dismissed !!

CHAPTER 4

4e Chapitre - Niveau moyen ①

medium 1

4. LES ENSEIGNANTS SONT MOTIVÉS LE JEUDI

Madame Pouffe se trouvait devant le piano électrique de la salle polyvalente. Sous ses mains, le clavier de plastique se transformait en une pièce maîtresse. En la voyant jouer légèrement un air puis se retourner, Nagisa se rappela de la fois où elle s'était introduite dans l'hôtel de l'île de Fukuma en déjouant la sécurité.

L'enseignante interprétant le morceau "Fantaisie-Impromptu" avait alors été d'une beauté divine.

– Pourquoi me regardes-tu fixement ? demanda Madame Pouffe à Nagisa.

Le chemisier très ajusté et la jupe étroite soulignaient ses courbes avantageuses. Même si Nagisa avait l'habitude de voir Madame Pouffe habillée de façon provocante, il restait troublé par ce souvenir...

– Ah, heu... non, pour rien du tout...

Madame Pouffe interrogea Nagisa et Terasaka en croisant les jambes.

– Savez-vous pourquoi je vous ai appelés tous les deux ?

Nerveux, Nagisa ravala sa salive.

– Hé hé ! Je suis au courant ! poursuivit-elle en souriant d'un air entendu.

– Qu… quoi ? Nous ne manigançons rien ! lui répondit Terasaka, d'une voix qui sonnait faux.

– Terasaka, ça ce n'est pas vrai ! s'exclama Nagisa.

Terasaka fusilla Nagisa du regard.

– Il paraît que c'est la semaine du vocabulaire d'anglais pour vous deux, dit Madame Pouffe.

Nagisa poussa un soupir de soulagement.

– Ah ! C'est donc de ça qu'il s'agit...

– Je l'ai appris par Karasuma. Il y a des astuces pour apprendre le vocabulaire d'anglais, donc je me suis dit que j'allais vous les enseigner.

– N'en faites pas toute une histoire, madame !

Madame Pouffe se mit à jouer du piano avec légèreté. C'était un air que Nagisa avait déjà entendu.

– Connais-tu ce morceau ? C'est un morceau jovial, n'est-ce pas ? Le but est d'apprendre le vocabulaire à l'aide de mélodies. Mon pays d'origine n'est pas anglophone, mais j'ai appris mes premiers mots d'anglais en entendant ceci à la radio.

Elle commença alors à chanter "Camptown Races" de Foster. C'est un morceau joyeux de fanfare dont le rythme rappelle le galop des chevaux.

– À l'origine, c'est un morceau qui veut restituer l'atmosphère des courses hippiques. Mais j'ai changé les paroles. Au début, je ne savais pas ce que ça voulait dire, j'ai fait de mon mieux pour l'apprendre. Plus tard, j'ai ri en comprenant enfin les paroles.

– La chanson contient des mots que j'ai déjà entendus, me semble-t-il, dit Nagisa.

– Vraiment ? C'est bien pour ça que tu as de bonnes notes en anglais. Mais tu vois, si on apprend les mots en marchant, c'est encore plus facile à mémoriser.

L'enseignante se leva et chanta en *a capella* en pointant différentes parties de son corps.

– Vous deux, faites-le avec moi ! leur dit-elle.

Sans savoir vraiment de quoi il s'agissait, Nagisa et Terasaka chantèrent en l'imitant, et remuèrent tantôt leur tête, tantôt leurs fesses.

En le répétant plusieurs fois, Nagisa sentit que les paroles venaient toutes seules bien qu'il ne les comprenait pas. Il jeta un coup d'œil de côté et aperçut Terasaka s'appliquant plus sérieusement qu'on aurait pu le penser.

– Madame Pouffe, dites-nous ce que cette chanson signifie, demanda Terasaka.

– Heu, voici les paroles...

Que sont ces deux choses rouges sous ton nez ?

Ce sont les lèvres, les lèvres. Embrasse-les doucement !

En haut de tes jambes que sont ces gros ballons ?

W x Y
Chanter en a cappella : sing a cappella

Ce sont les fesses, les fesses. Caresse-les en faisant des ronds !

Que sont ces deux balles au-dessus de ton nombril ?

Ce sont les seins, les seins. Mange-les doucement !

Et sous ton nombril… Bon, ce sera tout !

– C'est n'importe quoi ! fit Terasaka sans réfléchir.

– De toute façon, cette chanson n'est pas dans le "Korotan", donc ça ne sert à rien !

– C'est vrai, mais c'était pour nous donner une astuce afin de mémoriser le vocabulaire. Terasaka, tu donnais l'impression de bien t'amuser, non ? lui fit remarquer Nagisa.

– Qu'est-ce que tu racontes ? lui dit Terasaka en élevant la voix. C'est barbant de changer les paroles d'une chanson ! T'as qu'à le faire toi-même, Nagisa, mais il faut avoir tout appris pour lundi prochain.

– Terasaka, tu as l'air particulièrement motivé, lui fit remarquer Madame Pouffe.

– Ouais ! Le "bon pour l'embrochage" en dépend.

Il sortit de son porte-cartes le bon manuscrit sur du papier épais.

– C'est quoi, ça ?

– Si Nagisa et moi, on fait un sans-faute au test de vocabulaire d'anglais la semaine prochaine, je pourrai embrocher le poulpe !

– Hein ?! Ces choses importantes, faut me les dire tout de suite !

Et est-ce que toi seul auras ce privilège ?

– Bien sûr. C'est moi qui ai parié, répondit Terasaka.

Nagisa se sentit légèrement découragé.

– L'embrocher une fois ne suffira pas, dit Terasaka, mais si on ne fait pas de faute et que j'arrive à le tuer, je partagerai avec toi. Dix millions environ ! Ha ha !

Alors qu'ils discutaient ainsi dans le couloir, le Professeur Karasuma arriva de l'autre côté.

– Vous collaborez ensemble ?!

– Ah, oui… répondit Nagisa d'une petite voix.

– Je vais vous aider. Tiens, Maehara, tu arrives au bon moment.

– Est-ce que tu pourrais apporter ton aide pour que ces deux-là apprennent leur vocabulaire d'anglais ?

– Ouais ! répondit simplement Maehara.

– Les sports de combat comportent pas mal de mots anglais. Commençons par les plus simples à apprendre. Par exemple… donne-moi un léger coup de poing.

– Que je vous frappe ? demanda Maehara.

– Oui, un coup sec puis une droite.

Faisant confiance au Professeur Karasuma, Maehara enchaîna les coups. En se baissant, l'enseignant les évita.

– Ça, ce sont des esquives. Frappe un peu plus. Tu peux accélérer la cadence, lui enjoigna le Professeur Karasuma.

– J'y vais !

La vitesse des gestes de Maehara augmenta. Mais en agitant sa tête de gauche à droite, le Professeur Karasuma les évita sans difficulté.

– Ça, c'est du "tissage", "weaving" en anglais. Esquiver, ça se fait en avançant la tête comme un canard. "Duck", c'est "canard". Le "tissage", ce sont des mouvements à droite et à gauche, comme pour un métier à tisser. "Weave" ça veut dire "tisser". On va maintenant passer aux prises de la lutte.

Il tira sur le bras de son élève et le lança avec légèreté tout en se courbant.

– Wow !

Maehara fit un tour avant d'être lancé sur le sol du couloir.

– Tu as pu tomber en te protégeant ?

– Heu oui, c'est bon...

– Cette prise s'appelle "tirage de bras", "arm drag" en anglais. Ça veut dire qu'on "tire" ("drag") le "bras" ("arm").

– C'est une prise qui apparaît dans la lutte et les sports de combat. C'est un nom facile à comprendre, n'est-ce pas ?

– Oui...

Nagisa commença à s'inquiéter pour Maehara qui avait été projeté par terre. Le Professeur Karasuma se plaça dans le dos de ce dernier, et attrapa son coude.

– Si vous coincez le bras de l'adversaire sous votre aisselle, de cette manière vous évitez de vous prendre la contre-offensive.

– C'est pas en train de devenir un cours de technique de combat ? s'interrogea Maehara.

– Ah, désolé. Ça va ?

L'enseignant relâcha sa prise de bras, en faisant attention à Maehara qui tapait le sol.

– Heu oui, de justesse…

– Au fait, ce que vient de faire Maehara, c'est "tap out" en anglais, conclut le Professeur Karasuma en souriant.

COURS SPÉCIAL

Special Lesson

Adverbes/prépositions/conjonctions

C'est le derniers cours spécial du "Korotan" dans lequel est enseigné le vocabulaire de base. Ici, on va apprendre les adverbes, prépositions et conjonctions les plus courants.

adverbe : adverb

again	encore
ago	déjà, dans le passé
ahead	devant
along	le long de
always	toujours
aside	de côté
away	éloigné
back	derrière

besides	outre
down	en dessous
ever	toujours, un jour
inside	intérieur

later	plus tard
maybe	peut-être
much	beaucoup de
never	jamais
off	s'éloigner
often	souvent
once	une fois
out	hors
so	ainsi
soon	bientôt
then	à ce moment
there	là
together	ensemble
too	aussi
up	en haut
very	très
yet	pas encore

préposition : preposition

about	à propos de
above	au-dessus de
across	d'un côté à l'autre de
along	le long de
among	parmi
around	autour de
behind	derrière
below	en dessous de
beneath	sous
beside	à côté de
between	entre
beyond	au-delà de
by	près de
for	pour

from	à partir de
in	dans
into	dans
of	de
on	sur
onto	sur
upon	sur
through	à travers
throughout	partout dans
to	à
toward	vers
under	sous
with	avec
within	à l'intérieur de
without	sans

conjonction : conjunction

after	après
although	bien que
as	comme
because	parce que
before	avant
but	mais
however	cependant
if	si

or	ou
than	que
therefore	par conséquent
though	bien que
till	jusqu'à
unless	à moins que
until	jusqu'à
whereas	tandis que
whether	si

— — VERBE TRANSITIF — — **Accepter**

accept
[əksépt]

SYNONYME Receive : recevoir

— — — — ADVERBE **Selon**

according to
[əkˈɔɚdɪŋ tʊ]

EXEMPLE According to him : selon lui

ATTENTION "According to my opinion" ne se dit pas !

Pour donner votre avis, utilisez "in my opinion".

NOM VERBE INTRANSITIF — — — **Acte/agir**

act
[ˈækt]

SYNONYME Behavior : comportement

DÉRIVÉ Actor : acteur

NOM VERBE INTRANSITIF — — — **Objectif, but/viser**

aim
[éɪm]

EXEMPLE Aim to do : avoir l'intention de faire

"My **aim** is to create a society consisted by 5% of lazy people and 95% of hard workers."

— — VERBE TRANSITIF — — **Annoncer**

announce
[ənάʊns]

EXEMPLE It has been announced that : il a été annoncé que ~

DÉRIVÉ Announcement : annonce

— — — — ADVERBE **Apparemment**

apparently
[əpˈærəntli]

DÉRIVÉ Apparent : apparent

DÉRIVÉ Appearance : apparence

NOM — — — — **Zone, région, étendue**

area
[é(ə)riə]

SYNONYME Region : région

SYNONYME District : district

SYNONYME Zone : zone

NOM — VERBE TRANSITIF — — **Arrestation/arrêter**

arrest
[əréstl]

EXEMPLE Be arrested for speeding :
être arrêté pour excès vitesse

— — VERBE TRANSITIF — — **Assurer, être convaincu de**

assure
[əʃˈʊɚ]

EXEMPLE The doctor assured me that she'll be fine :
le docteur m'a assuré qu'elle irait bien.

EXEMPLE I'm assured of his innocence :
je suis convaincu de son innocence.

NOM VERBE INTRANSITIF VERBE TRANSITIF — — **Attaque/attaquer (préposition “on”)**

attack
[ətˈæk]

EXEMPLE A personal attack : une attaque personnelle

EXEMPLE A heart attack : une crise cardiaque

EXEMPLE Attack on tentacles : attaque des tentacules

NOM — — — — **Banque, banc**

bank
[bˈæŋk]

EXEMPLE River bank : les bancs de la rivière

SYNONYME Shore : côte

NOM — VERBE TRANSITIF — — **Ours/transporter, supporter, porter**

bear
[béɚ]

EXEMPLE Bear the responsibility : être responsable de

EXEMPLE Can't bear : ne peut pas supporter

EXEMPLE Bear a relation : avoir une relation

NOM VERBE INTRANSITIF VERBE TRANSITIF — — **Mordre/bouchée**

bite
[bάɪt]

EXEMPLE Biting cold : froid mordant

EXEMPLE Another one bites the dust :
encore un qui mord la poussière !

VERBE TRANSITIF

Emprunter

borrow

[bάroʊ, b'ɔːr-]

EXEMPLE Can I borrow your gun :

est-ce que je peux emprunter ton pistolet ?

ADJECTIF

Clair, **éclatant**

bright

[brάɪt]

OPPOSÉ Dark : sombre

EXEMPLE Let us be the bright light of this school !

Laissez-nous être la lumière éclatante de cette école !

VERBE INTRANSITIF · VERBE TRANSITIF

Brûler/**se brûler**, **être brûlé**

burn

[b'ɚːn]

EXEMPLE I burned my hand : je me suis brûlé la main.

EXEMPLE The toast has burned black :

la tartine grillée est brûlée.

NOM · VERBE INTRANSITIF · VERBE TRANSITIF

Chèque, **contrôle**/**inspecter**, **vérifier**

check

[tʃék]

EXEMPLE By check : par chèque

ADJECTIF

Complet

complete

[kəmplíːt]

EXEMPLE The complete works of García Márquez :

l'œuvre complète de Garcia Marquez

EXEMPLE A complete waste of time :

une pure perte de temps

VERBE TRANSITIF

Conclure

conclude

[kənklúːd]

DÉRIVÉ Conclusion : conclusion

VERBE TRANSITIF

Embrouiller

confuse

[kənfjúːz]

EXEMPLE Our teacher got confused seeing his tentacles :

notre professeur était perturbé à la vue de ses tentacules.

DÉRIVÉ Confusion : confusion

— — VERBE TRANSITIF — —

connect
[kənékt]

Connecter

EXEMPLE Connect A with / to B : connecter A avec / à B

DÉRIVÉ Connected : connecté

DÉRIVÉ Connection : connexion

— VERBE INTRANSITIF VERBE TRANSITIF — —

contribute
[kəntríbjʊt]

Contribuer/verser de l'argent

EXEMPLE She can contribute by using her sexual charm : elle peut apporter sa contribution en utilisant ses charmes.

NOM — VERBE TRANSITIF — —

cost
[kˈɔːst]

Coût, frais/coûter (de l'argent)

EXEMPLE It cost him a lot to treat the assassin to yudoufu : ça lui a coûté cher d'offrir du yudoufu à l'assassin.

NOM — — — —

custom
[kˈʌstəm]

Coutume, habitude

EXEMPLE It is the custom to do : c'est la coutume de faire ~

SYNONYME Tradition : tradition

DÉRIVÉ Customary : coutumier / Customer : client

NOM VERBE INTRANSITIF VERBE TRANSITIF — —

delay
[dɪléɪ]

Retard/retarder/avoir du retard

SYNONYME Defer, put off : remettre à plus tard

— VERBE INTRANSITIF VERBE TRANSITIF — —

deliver
[dɪlívɚ]

Livrer, faire un discours

EXEMPLE Deliver a speech / lecture : faire un discours / cours

DÉRIVÉ Delivery : livraison

"... Huh ?"
"Takebayashi is going to **deliver** a speech again ?"
"I've got a bad feeling."
"What ?"

NOM — VERBE TRANSITIF — —

design

[dɪzάɪn]

Design, conception, motif/concevoir

EXEMPLE The building was designed by a German architect : l'immeuble a été conçu par un architecte allemand.

"But actually, I wanted you to draw a cool **design** on me normally..."
"I-I'm sorry ! I'll draw one with normal henna, okay ?"

NOM — VERBE TRANSITIF — —

detail

[dɪtéɪl]

Détail/détailler

EXEMPLE The details of his face : les détails de son visage

EXEMPLE Detail the events : détailler les événements

NOM — — — —

diet

[dάɪət]

Alimentation, régime

EXEMPLE A healthy / poor diet : un régime sain / une mauvaise alimentation

EXEMPLE Be / go on a diet : être au / faire un régime

NOM — — — —

disaster

[dɪz'æstɚ]

Désastre

EXEMPLE A nuclear disaster : un désastre nucléaire

DÉRIVÉ Disastrous : désastreux

NOM VERBE INTRANSITIF VERBE TRANSITIF — —

divorce

[dɪv'ɔɚs]

Divorce/divorcer

EXEMPLE Get a divorce : divorcer

NOM — — — —

dozen

[d'ʌzn]

Douzaine

EXEMPLE A dozen of : une douzaine de

EXEMPLE Dozens of : des douzaines de

NOM — — — — **Émotion**

emotion
[ɪmóʊʃən]

EXEMPLE Express / show emotion : exprimer / laisser voir de l'émotion

DÉRIVÉ Emotional : émotionnel

— — VERBE TRANSITIF — — **Permettre**

enable
[ɪnéɪbl]

EXEMPLE This bullet enables us to injure him : cette balle nous permet de le blesser

— — VERBE TRANSITIF — — **Encourager**

encourage
[ɪnk'ə:rɪdʒ]

EXEMPLE Our teacher encourages us to kill himself : notre professeur nous encourage à le tuer.

NOM — — — — **Environnement**

environment
[ɪnvάɪ(ə)rə(n)mənt]

DÉRIVÉ Environmental : environnemental

— VERBE INTRANSITIF VERBE TRANSITIF — — **Fuir**

escape
[ɪskéɪp]

EXEMPLE He escaped from the bottom class : il s'est échappé de la classe du fond.

NOM — VERBE TRANSITIF — — **Échange, change/échanger**

exchange
[ɪkstʃéɪndʒ]

EXEMPLE Exchange A for B : échanger A pour B

EXEMPLE Exchange words / seats : échanger des mots / changer de place avec quelqu'un

NOM VERBE INTRANSITIF — — — **Chute, automne/chuter, tomber**

fall
[f'ɔ:l]

EXEMPLE Fall down onto the net of tentacles : tomber sur un filet de tentacules

EXEMPLE Fall apart : s'écrouler

— — — ADJECTIF —

familiar

[fəmíljɚ]

Familier

EXEMPLE Our teacher is familiar even with motorcycles :

notre professeur s'y connaît même en motos.

NOM — — ADJECTIF —

fat

[f'æt]

Gros/gras

OPPOSÉ Thin, skinny :

mince, maigre

NOM — VERBE TRANSITIF — —

favor

[féɪvɚ]

Faveur, avantage, succès/préférer

EXEMPLE Will you do me a favor ?

Est-ce que tu peux me faire une faveur ?

EXEMPLE Be in favor of : être en faveur de

NOM — — ADJECTIF —

fellow

[féloʊ]

Type, gars/semblable

EXEMPLE A fellow student / worker :

camarade de classe/collègue

SYNONYME Guy : un gars, ("guys") tout le monde

— VERBE INTRANSITIF VERBE TRANSITIF — —

fill

[fíl]

Se remplir/remplir

EXEMPLE Fill a backpack with unnecessary odds and ends :

remplir un sac à dos de bric-à-brac inutile

— — — ADJECTIF —

flat

[fl'æt]

Plat

EXEMPLE Flat tires : des pneus plats

SYNONYME Level : niveau, plat

EXEMPLE Her breasts are flat :

sa poitrine est plate.

NOM — VERBE TRANSITIF — —

frame

[fréɪm]

Cadre, structure/encadrer

EXEMPLE A picture / window frame :

un cadre photo / le cadre d'une fenêtre

ATTENTION Flame : flamme

ADJECTIF **Fréquent**

frequent

[fríːkwənt]

DÉRIVÉ Frequently : fréquemment

DÉRIVÉ Frequency : fréquence

NOM **Amusement, amusant**

fun

[fˈʌn]

EXEMPLE Have fun : s'amuser

ATTENTION Fan : éventail, ventilateur

NOM **Génération**

generation

[dʒènəréɪʃən]

EXEMPLE Generation gap : fossé intergénérationnel

DÉRIVÉ Generate : générer

ADJECTIF **Gentil, doux**

gentle

[dʒéntl̩]

SYNONYME Kind : gentil

DÉRIVÉ Gentleman : homme, quelqu'un de galant

ADVERBE **Graduellement**

gradually

[grˈædʒuəli]

OPPOSÉ Suddenly : soudain

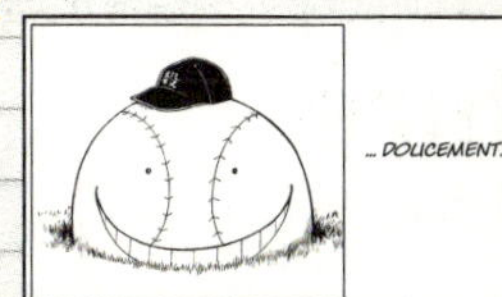

NOM VERBE INTRANSITIF VERBE TRANSITIF **Diplôme/obtenir un diplôme**

graduate

Nom : [grˈædʒuət]
Verbe intransitif : [grˈædʒuèɪt]

EXEMPLE He graduated from the University of Tokyo in 2012 : il a été diplômé de l'Université de Tokyo en 2012.

DÉRIVÉ Graduation : remise de / obtention du diplôme

NOM VERBE TRANSITIF **Guide/guider, conduire**

guide

[gáɪd]

EXEMPLE Excursion guide : guide de l'excursion

DÉRIVÉ Guidance : conseils, orientation

NOM — — — —

Scène

habit

[hˈæbɪt]

EXEMPLE Make a habit of doing : prendre l'habitude de faire

SYNONYME Custom : coutume, tradition : tradition

DÉRIVÉ Habitual : habituel

— — VERBE TRANSITIF — —

S'occuper de, gérer, tenir, manipuler

handle

[hˈændl]

EXEMPLE He handled the situation very well : il a très bien géré la situation.

SYNONYME Deal with

NOM — VERBE TRANSITIF — —

Tort/causer du tort

harm

[hάɚm]

EXEMPLE I won't do you any harm : je ne vais pas vous faire de mal.

— VERBE INTRANSITIF VERBE TRANSITIF — —

Être caché/cacher

hide

[hάɪd]

EXEMPLE He was hidden behind the trees : il était caché derrière les arbres.

— VERBE INTRANSITIF VERBE TRANSITIF — —

Embaucher

hire

[hάɪɚ]

EXEMPLE She pretended being hired as a pianist : elle a fait semblant d'être embauchée comme pianiste.

— — — ADJECTIF —

Impossible

impossible

[ìmpάsəbl]

EXEMPLE It seems almost impossible to kill our teacher : ça nous semble presque impossible de tuer notre professeur.

"I'm the very man who taught you everything about assassination. I know exactly what you are capable of and what is **impossible** for you to achieve."

— — — — ADVERBE En fait, effectivement, évidemment

indeed

[ɪndí:d]

EXEMPLE A friend in need is a friend indeed : c'est dans le besoin que l'on reconnaît ses amis.

— — — — ADVERBE À la place

instead

[ɪnstéd]

EXEMPLE Should I go instead : est-ce que j'y vais à la place ?

EXEMPLE Instead of : plutôt que

NOM — — — — Intelligence

intelligence

[ɪntéləd3əns]

EXEMPLE High / low intelligence : grande / faible intelligence

DÉRIVÉ Intellectual : intellectuel

DÉRIVÉ Intelligent : intelligent

— — VERBE TRANSITIF — — Avoir l'intention de, prévoir

intend

[ɪnténd]

EXEMPLE We cannot tell what he intends to do in the end : on ne peut pas dire ce qu'il prévoit de faire à la fin.

DÉRIVÉ Intention : intention

— — VERBE TRANSITIF — — Inventer

invent

[ɪnvént]

DÉRIVÉ Invention : invention

NOM — — — — Plaisanterie

joke

[d3óʊk]

EXEMPLE Practical joke : blague

"She looks like she can make wicked potions, chloroform and whatnot.
I'll be able to do so many more practical **jokes**."
"... I really hope you guys won't team up."

— — — ADJECTIF — **Plus jeune, cadet**

junior

[dʒúːnjɚ]

EXEMPLE He is junior to her by three years : il est son cadet de trois ans.

OPPOSÉ Senior : aîné

NOM — VERBE TRANSITIF — — **Manque/manquer de**

lack

[lˈæk]

EXEMPLE Our teacher lacks grace : notre professeur manque de grâce.

NOM — — ADJECTIF — **Dernier**

latter

[lˈæṭɚ]

EXEMPLE I prefer the latter offer to the former : je préfère la dernière offre à la précédente.

ATTENTION later : plus tard

— VERBE INTRANSITIF VERBE TRANSITIF — — **Quitter, laisser, arrêter**

leave

[líːv]

EXEMPLE Leave school : quitter l'école

EXEMPLE Leave the door open : laisser la porte ouverte

NOM — — ADJECTIF — **Mâle, homme/masculin**

male

[méɪl]

OPPOSÉ Female

EXEMPLE She's good at attracting the stare of male eyes : elle est douée pour attirer les regards masculins.

NOM — — — — **Mission**

mission

[míʃən]

"Use your blade with confidence. Complete your **mission** successfully, and keep your heads high, smiles on your face without the least shame."

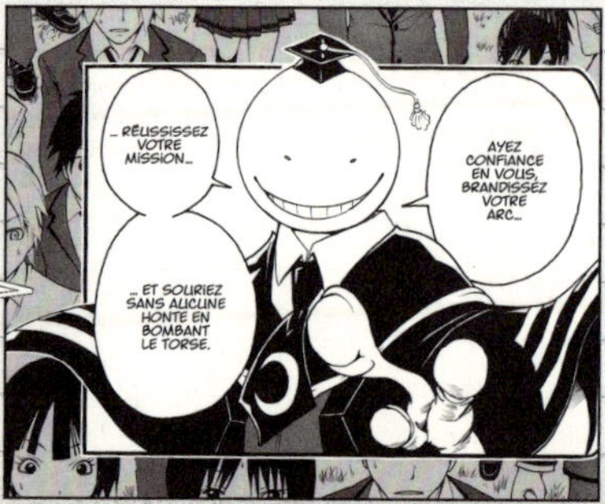

NOM — — — —

mistake

[mɪstéɪk]

Erreur

SYNONYME Error

NOM — — — —

motion

[móʊʃən]

Mouvement, geste

EXEMPLE Motion sickness : mal des transports

NOM — VERBE TRANSITIF — —

notice

[nóʊṭɪs]

Notice, attention/remarquer

EXEMPLE Take notice / no notice of : prendre note / ne pas tenir compte de ~

— — — ADJECTIF —

nuclear

[n(j)úːkliə˞]

Nucléaire

EXEMPLE Nuclear family : famille nucléaire

EXEMPLE Nuclear power / weapon : énergie / arme nucléaire

EXEMPLE Nuclear reactor / waste : réacteur / déchet nucléaire

— — — ADJECTIF —

obvious

[ɑ́bviəs]

Évident

EXEMPLE It is obvious that the author likes parodies : il est évident que l'auteur aime les parodies.

DÉRIVÉ Obviously : évidemment

NOM — — — —

occasion

[əkéɪʒən]

Endroit, occasion, fois

EXEMPLE On several occasions : à plusieurs occasions

EXEMPLE It was in this class that we gained the occasion of assassination : c'est dans cette classe qu'on a eu l'occasion d'assassiner.

NOM — VERBE TRANSITIF — —

offer

[ˈɔːfə˞]

Offrir, proposer/proposition, offre

EXEMPLE She offered me a help : elle m'a proposé son aide.

— — VERBE TRANSITIF ADJECTIF — **Propre/posséder**

own
[óʊn]

EXEMPLE She has her own way of eating bread : elle a sa propre manière de manger du pain.

DÉRIVÉ Owner : propriétaire

— — — — ADVERBE **Peut-être, sans doute**

perhaps
[pəh'æps]

EXEMPLE Isn't he coming? Perhaps not : Il ne vient pas ? Peut-être pas.

SYNONYME Maybe

NOM — — — — **Planète, (sous la forme "the planet") la Terre**

planet
[pl'ænɪt]

DÉRIVÉ Planetarium : planétarium

EXEMPLE This planet may be destroyed by this time of next year : cette planète sera peut-être détruite à la même époque l'année prochaine.

NOM — — — — **Beaucoup de**

plenty
[plénṭi]

EXEMPLE He's got plenty of gold fish : il a beaucoup de poissons rouges.

NOM — — — — **Politique, principe**

policy
[pάləsi]

DÉRIVÉ Politics : la politique

Political : politique (adjectif)

— — — ADJECTIF — **Positif, certain**

positive
[pάzəṭɪv]

EXEMPLE A positive attitude / reaction : une attitude / réaction positive

OPPOSÉ Negative : négatif

— — VERBE TRANSITIF — — **Préférer**

prefer
[prɪf'ə:]

EXEMPLE I prefer novels to poetry : je préfère les romans à la poésie.

NOM **—** **VERBE TRANSITIF** **ADJECTIF** **—** Cadeau/(être) présent/présenter

present

Nom : [préznt]
Verbe intransitif : [prɪzént]

EXEMPLE They presented the movie report to the teacher : ils ont présenté le compte rendu du film au prof.

NOM **—** **—** **—** **—** Président

president

[prézədənt]

DÉRIVÉ Preside : présider

DÉRIVÉ Presidential : présidentiel

— **—** **VERBE TRANSITIF** **—** **—** Prévenir, éviter

prevent

[prɪvént]

EXEMPLE Our teacher prevented us from being injured : Koro-sensei a évité qu'on se blesse.

NOM **—** **VERBE TRANSITIF** **—** **—** Processus/traiter

process

[práses]

EXEMPLE Process data/information : traiter des donnés/des informations

NOM **VERBE INTRANSITIF** **—** **—** **—** Profit, bénéfice/profiter

profit

[práfɪt]

EXEMPLE Turn a profit : mettre à profit

EXEMPLE We made quite a profit at the summer festival : on a fait un bon profit au festival d'été.

NOM **—** **VERBE TRANSITIF** **—** **—** Projet/prédire, projeter

project

Nom : [prádʒekt] Verbe : [prˈɔdʒ-]

EXEMPLE A projected population growth : la croissance démographique projetée

"However, before **projecting** this and that... Let us watch Ms. Irina's job to the end."

NOM | VERBE INTRANSITIF | VERBE TRANSITIF | — | — **Rapport, détonation/annoncer, déclarer**

report
[rɪp'ɔɚt]

EXEMPLE Write a report on the law of his color changing : écrire un rapport sur les circonstances de ses changements de couleur

— | — | VERBE TRANSITIF | — | — **Révéler**

reveal
[rɪví:l]

EXEMPLE Reveal how he was planted those tentacles : révéler comment ces tentacules lui ont été implantés.

NOM | — | VERBE TRANSITIF | — | — **Emploi du temps, programme/planifier**

schedule
[skédʒu:l]

EXEMPLE On / ahead of / behind schedule : comme / plus tôt / plus tard que prévu

> "Nice to meet you. I'm the very man who blew up the moon, and I'm also **scheduled** to blow up Earth next year.
> Seeing as I've become your homeroom teacher, I look forward teaching you all."

NOM | — | VERBE TRANSITIF | — | — **Siège/asseoir**

seat
[sí:t]

EXEMPLE He seated himself on the bench : il s'assit sur le banc.

EXEMPLE Take a seat : s'asseoir

— | — | — | ADJECTIF | — **Sérieux**

serious
[sí(ə)riəs]

EXEMPLE Serious problem / shortage / illness : un sérieux problème / une sérieuse pénurie / maladie

NOM | — | — | — | — **Sexe**

sex
[séks]

EXEMPLE Sex appeal : sex-appeal

SYNONYME Gender : genre

DÉRIVÉ Sexual : sexuel

— VERBE INTRANSITIF VERBE TRANSITIF — —

shake

[ʃéɪk]

Trembler/secouer

EXEMPLE Shake with fear / laughter : trembler de peur / de rire

— — — ADJECTIF —

significant

[sɪgnífɪk(ə)nt]

Significatif

EXEMPLE It is significant that : il est significatif que

DÉRIVÉ Significantly : significativement

— — VERBE TRANSITIF — —

solve

[sάlv, sˈɔːlv]

Résoudre

EXEMPLE Solve a problem / crime : résoudre un problème / crime

DÉRIVÉ Solution : solution

NOM — — — —

soul

[sóʊl]

Âme, personne

EXEMPLE Not a soul was to be seen : Il n'y avait pas une âme.

EXEMPLE Body and soul : le corps et l'esprit

NOM — — — —

species

[spíːʃiːz]

Espèces

EXEMPLE There are over 100 species of octopuses in the world : il y a plus de 100 espèces de poulpes à travers le monde.

NOM — — — —

spirit

[spírɪt]

Esprit, humeur

EXEMPLE Be in high / low spirits : être de bonne humeur / de mauvaise humeur

DÉRIVÉ Spiritual : spirituel

— — — ADJECTIF —

steady

[stédi]

Stable, constant

EXEMPLE His flying speed is steady at Mach 20 : sa vitesse de vol constante est de Mach 20.

NOM — — — — VERBE TRANSITIF — —

steal

[stíːl]

Voler

EXEMPLE He stole money from the teacher's wallet : il a volé de l'argent du portefeuille du professeur.

NOM — — — —

stock

[stɑ́k]

Stock, action (bourse), réserve

EXEMPLE In / out of stock : avoir des réserves / rupture de stock

EXEMPLE He has a large stock of knowledge : il a de grandes réserves de connaissances.

DÉRIVÉ Stock market : le marché de la bourse

— — VERBE TRANSITIF — —

struggle

[strˈʌgl]

Se donner du mal pour/s'efforcer de faire quelque chose

EXEMPLE The boy struggled to show his strength : le garçon se donna du mal pour démontrer sa force.

— — VERBE TRANSITIF — —

suppose

[səpóʊz]

Supposer

EXEMPLE We supposed that he was a dishonest man : on a supposé qu'il était malhonnête.

— — VERBE TRANSITIF — —

sweep

[swíːp]

Balayer

EXEMPLE Sweep away dust with a broom : balayer la poussière avec un balai

— — — ADJECTIF —

technical

[téknɪk(ə)l]

Technique

EXEMPLE A technical term : terme technique

DÉRIVÉ Technically : techniquement

"You need **technical** skills and personal connection to carry out professional work. You kids just keep out and watch and learn."

NOM — — — — **Texte, manuel**

text

[tékst]

EXEMPLE The whole text of his speech : tout le texte de son discours

— — — **ADJECTIF** — **Épais**

thick

[θík]

EXEMPLE A thick fog : un épais brouillard

DÉRIVÉ Thickness : épaisseur

SYNONYME Dense : dense

OPPOSÉ Thin : fin

NOM — **VERBE TRANSITIF** — — **Marque (de passage), circuit, chemin, passage/suivre**

track

[trˈæk]

EXEMPLE Octopus' tracks : marque de passage du poulpe

EXEMPLE Track the footprints : suivre les traces de pas

NOM — — — — **Tendance, mode, habitude**

trend

[trénd]

EXEMPLE It is his current trend to use olive oil : c'est son habitude du moment d'utiliser de l'huile d'olive.

NOM — **VERBE TRANSITIF** — — **Confiance/ faire confiance, compter sur**

trust

[trˈʌst]

EXEMPLE I trust you to kill him : je compte sur toi pour le tuer !

NOM — — — — **Vérité**

truth

[trú:θ]

EXEMPLE Tell / hide the truth : dire / cacher la vérité

— — — — **ADVERBE** **Deux fois, double**

twice

[twάɪs]

EXEMPLE Twice a week : deux fois par semaine

EXEMPLE Twice as many / much : le double de

EXEMPLE Twice the size / number : deux fois la taille / le chiffre

NOM | VERBE INTRANSITIF | VERBE TRANSITIF | — | —

type
[tάɪp]

Type/taper

EXEMPLE Type your password : tape ton mot de passe

EXEMPLE I don't like this type of assassin : je n'aime pas ce type d'assassin.

DÉRIVÉ Typical : typique / Typically : typiquement

— | — | — | ADJECTIF | —

urban
[ˈɚːb(ə)n]

Urbain

EXEMPLE Lead an urban / a rural life : mener une vie urbaine / rurale

NOM | — | VERBE TRANSITIF | — | —

value
[vˈæljuː]

Valeur/accorder de l'importance à

DÉRIVÉ Valuable : précieux

EXEMPLE The chief director values victory over anything : le directeur en chef considère la victoire avant tout.

NOM | — | — | — | —

victory
[víktəri]

Victoire

OPPOSÉ Defeat : défaite

SYNONYME Win : gagner ≠ lose : perdre

NOM | — | — | — | —

violence
[vάɪələns]

Violence

EXEMPLE Domestic violence : violence domestique

DÉRIVÉ Violent : violent

DÉRIVÉ Violate : violer

— | — | VERBE TRANSITIF | — | —

warn
[wˈɔɚn]

Prévenir

EXEMPLE Our teacher was warned not to miss the thieves : notre professeur avait été prévenu, il ne devait pas manquer les voleurs.

NOM | VERBE INTRANSITIF | — | — | —

wave
[wéɪv]

Vague/agiter la main

EXEMPLE We cannot help but ride the big wave : on ne peut que surfer sur la grande vague.

NOM — — — — **Richesse**

wealth

[wélθ]

DÉRIVÉ Wealthy : riche, aisé ≠ poor

NOM — — — — **Arme**

weapon

[wép(ə)n]

EXEMPLE Carry a weapon : porter une arme

One and two and three and four and...
"I wish the students didn't have **weapons**..."
"Be careful to swing your knives precisely from eight directions !! "

— — VERBE TRANSITIF — — **Porter (un habit, etc.)**

wear

[wéɚ]

EXEMPLE Wear a wig to disguise oneself : porter une perruque pour se déguiser

EXEMPLE Wear out : user, épuiser (usage de verbe intransitif)

— — — ADJECTIF — **Sauvage, violent**

wild

[wάɪld]

EXEMPLE Wild animals : animal sauvage

EXEMPLE Go wild : se déchaîner

OPPOSÉ Domesticated, tame : domestiqué, apprivoisé

— — — ADJECTIF — **Prêt, enthousiaste**

willing

[wílɪŋ]

EXEMPLE Our teacher is willing to play baseball : notre professeur est prêt à jouer au baseball avec nous.

NOM VERBE INTRANSITIF — — — **S'inquiéter/inquiétude**

worry

[wˈɚːri]

EXEMPLE Worry about trifles : s'inquiéter pour des futilités

DÉRIVÉ Worried : inquiet

3-E COURS SPÉCIAL

Preuve : evidence

Les faux-amis par NAGISA SHIOTA

On a tendance à utiliser des mots anglais qui se rapprochent du français en se disant qu'ils signifient exactement la même chose dans les deux langues. Mais ce n'est pas toujours le cas. Passons en revue quelques faux-amis parmi les plus courants.

NAGISA SHIOTA DATA

S'implique dans la collecte d'informations. D'une nature sérieuse, il inscrit dans son carnet de notes les points faibles de M. Koro en espérant que ce sera utile à l'assassinat.

Actuellement / Actually

L'adverbe français "actuellement" se dira en anglais *at present*, *at the moment*, tandis que *actually* signifie "en fait", "au juste".
What did Koro-sensei actually say ? : qu'a dit Koro-sensei au juste ?

Figure / Figure

En anglais « figure » désigne le chiffre. *I am not good at figures !* : les chiffres ne sont pas mon fort !
En français, si l'on veut désigner la figure en tant que visage, on utilisera *face*.
Don't forget to wash your face, Terasaka ! : n'oublie pas de te laver la figure, Terasaka !

Sensible / Sensible / Sensitive

En anglais, *sensible* est le synonyme de raisonnable, sensé, sage. *Be sensible !* : sois raisonnable !
Si l'on veut parler de la sensibilité, le terme anglais équivalent sera *sensitive*.
Rio has a very sensitive skin : Rio a une peau très sensible.

Surnom / Surname / Nickname

En anglais, *surname* désigne le nom de famille d'une personne et non pas son surnom qui sera *nickname*.
Poufanovitch is Irina's surname but her nickname is Mrs Pouffe : Poufanovitch est le nom de famille de Irina mais elle est surnommée Madame Pouffe.

Sympathique / Sympathetic / Nice

Le mot anglais *sympathetic* a le sens de « compatissant ».
His sympathetic words made me feel much better : ses paroles compatissantes m'ont redonné du courage.
He was very nice to me : il a vraiment été sympa avec moi.

Terrible / Terrible / Terrific

Le mot anglais *terrible* a toujours en anglais une connotation négative.
Last night I had a terrible nightmare : j'ai fait un terrible cauchemar (affreux) la nuit passée.
Si l'on veut dire, au contraire, « terrible » dans le sens « extrêmement positif », « génial », il faut utiliser le terme *terrific*. I spent a terrific day : j'ai passé une journée terrible (formidable).

Timide / Timid / Shy

En anglais *timid* désignera plutôt le fait d'être peureux, farouche. Tandis que *shy* traduira le fait d'être timide.
I was very shy when I was young : quand j'étais petit, j'étais très timide.

Vilain / Villain

Le mot anglais *villain* désigne la figure emblématique du méchant dans un comics par exemple, tandis que si l'on veut désigner le caractère spécial d'un enfant, on dira : *what a naughty boy !* : quel vilain garçon !

CHAPTER 5

5e chapitre - Niveau moyen ②

medium2

5. ACTIVITÉS PARASCOLAIRES DU VENDREDI

Extra lessons on Friday

5. ACTIVITÉS PARASCOLAIRES DU VENDREDI

Dans la cour, Koro-sensei élançait ses tentacules en faisant son échauffement.

– Alors, Nagisa, Terasaka, êtes-vous prêts ?

Nagisa l'imita et étira ses bras.

– C'est barbant !

Terasaka, quant à lui, se gratta la tempe et n'avait pas l'air motivé.

Aujourd'hui, à la pause de midi, Koro-sensei a évoqué l'idée d'emmener Nagisa et Terasaka en Amérique. Le plan était de les confronter à de l'anglais véritable afin qu'ils progressent plus vite au niveau du vocabulaire.

– Allez, je vais vous offrir un véritable hamburger. Les *fried onions* sont vraiment délicieux, lança Koro-sensei.

– Ne commencez pas à frimer en parlant à l'américaine, fit Nagisa.

– Au fait, Terasaka, poursuivit Koro-sensei, je te donne un conseil au cas où : il vaudrait mieux éviter de m'attaquer avec un Taser ("stun gun") pendant que je vole. Je suis bon conducteur, vous risqueriez d'être également électrocutés.

– Arrête, Terasaka ! dit Nagisa.

– J'ai compris. Je suis démasqué...

Terasaka sortit le Taser qu'il tenait dans son dos et le confia à Koro-sensei.

– Nagisa, c'est la deuxième fois que tu voles avec moi, tu sais donc comment ça se passe !

– Enfin, je n'avais pas fait grand-chose d'autre que vous faire confiance, confia l'élève.

– Voilà, c'est ça le plus important. Allons-y !

Koro-sensei prit ses deux élèves dans ses bras et disparut dans le ciel dans une détonation assourdissante.

Lorsqu'ils survolèrent la mer, les alentours s'assombrirent et la nuit tomba. Les seules lueurs étaient le reflet du croissant de lune sur la mer et les étoiles qui parsemaient le ciel.

– C'est déjà la nuit, remarqua Nagisa.

– Parce que pour le moment, la Terre est encore ronde, précisa Koro-sensei. Là, on vole de l'autre côté du soleil, donc la nuit tombe. Regardez, on l'aperçoit : "the North American Continent" ("le continent nord-américain").

Au bout de la mer d'un noir profond, on apercevait de faibles lueurs :

– C'est L.A. (Los Angeles) !

Elles semblèrent vite plus proches. Koro-sensei, Nagisa et Terasaka traversèrent ensuite le ciel de la métropole américaine largement illuminée.

– Koro-sensei, où allons-nous ?

– Le restaurant auquel je pense est par là.

En dépassant le centre-ville animé, ils atterrirent sur le bord d'une grosse route.

– Voilà, c'est ici, leur dit-il.

Sur le côté de la route principale, se dressait un "*diner*" ("petit restaurant") dont la pancarte avec ses décorations lumineuses se détachait du paysage.

– Les bons restaurants sont dans ce type d'endroit et non dans le centre-ville. En longeant les grosses voitures alignées dans le parking, Nagisa et Terasaka suivirent Koro-sensei et entrèrent dans le "*diner*". En total contraste avec l'enseigne extérieure assez voyante, l'intérieur était plutôt sobre et vieillot : les bancs et tables en bois rappelaient le bon vieux temps. C'était animé, avec des couples collés les uns aux autres et des hommes d'âge moyen qui s'amusaient, une bière à la main. Une odeur d'huile se répandait et l'on entendait le bruit de la viande qui grillait. Tous les trois s'assirent et regardèrent le menu.

– Allez, essayez de commander seuls, les garçons.

Le menu ne comportait pas de photos des plats, mais les catégories étaient indiquées dans un anglais facile à comprendre, comme "burger" ou "salad". Il y avait également des milkshakes, des pancakes et des boissons au menu.

– Tout ce que je comprends, c'est cheeseburger.

– Ce... c'est quoi, un Broadway burger ?

– C'est leur hamburger citadin. Il y a de la "lettuce" (de la "laitue") et du "blue cheese" (du "bleu"). La saveur du "blue cheese" se marie bien avec le "patty" ("pâté de viande").

– Tiens, Koro-sensei, il n'y a pas de frites ?!

– Si tu commandes un "burger" ("hamburger"), tu en recevras automatiquement en accompagnement. Et en quantité telle qu'il te sera sans doute difficile de les finir ! Donc tu pourras envisager de "share" ("partager").

À ce moment, une jeune employée, qui avait ses cheveux blonds attachés, arriva pour prendre la commande.

– Bonsoir ! leur lança-t-elle, enjouée.

Mais peu habitués à ce qu'on leur parle en anglais, Nagisa et Terasaka devinrent nerveux.

– Vous avez choisi ? dit la serveuse.

– Chee... cheeseburger... parvint à prononcer Terasaka.

Nagisa se dépêcha de regarder à nouveau le menu, et dit :

– Ç... ça... en pointant du doigt le menu.

– C'était pourtant une belle occasion de pratiquer l'anglais.

– Laissez-moi ! Cela a été trop soudain et je me suis affolé.

– Et vous ? Que prenez-vous, monsieur ? dit la jeune fille à Koro-sensei.

Terasaka et Nagisa l'observaient, mais leur professeur ne faisait qu'afficher une expression gênée. La serveuse souriait mais eut l'air embarrassé.

– Que se passe-t-il, Koro-sensei ? demanda Terasaka.

– Eh bien, c'est un paysage magnifique...

– Ah...

– C'est à cause de sa poitrine, remarqua Nagisa.

Celle de la jeune femme était impressionnante, il est vrai. Tellement impressionnante qu'elle débordait même un peu de son haut. Non seulement Koro-sensei, mais aussi Terasaka, étaient en admiration devant son anatomie.

– Nagisa, c'est ce qu'on appelle des "tits" ("nichons"). Ils apparaissent dans la chanson de Madame Pouffe, dit Terasaka.

– Évidemment, c'est le genre de mot que tu connais !

– Oh ça va... Avec une poitrine aussi grosse, on doit le lui dire sans arrêt. Ces "tits" valent largement ceux de Madame Pouffe !

– Terasaka, le sens est correct, mais il vaut mieux ne pas trop utiliser ce mot, prévint Koro-sensei.

– Pourquoi ?

– Ce n'est pas très élégant. Mais j'avoue avoir choisi l'endroit pour la serveuse. C'est une poitrine qui pourrait rivaliser avec celle de Madame Poufanovitch, mais la nourriture est également succulente. Voilà, elle arrive...

La serveuse revenait accompagnée d'un homme en tablier, plus grand que Terasaka et très musclé. En entendant sa collègue relater son histoire, il éleva sa voix rocailleuse.

– Zut, il est fâché... dit Nagisa.

– Pourquoi ? demanda Terasaka.

– Il pense que nous traitons la jeune femme de "pouffe à grosse poitrine".

– Monsieur Koro, faites quelque chose pour régler ce malentendu ! dit Nagisa.

Koro-sensei s'adressa à l'homme énervé, mais même Nagisa pouvait percevoir sa nervosité. Pourtant contre toute attente, l'homme sembla dans un premier temps acquiescer en souriant.

– C'est bon ? Il a fini par comprendre, ce type ? demanda Nagisa à Koro-sensei.

Mais alors qu'il finissait d'écouter les explications de Koro-sensei, l'homme fronça soudainement les sourcils, plia le coude et ferma les poings.

– (Oups, ça ne va pas, fuyons) !

– Qu'avez-vous raconté ? Monsieur Koro ?

– J'ai dit... que nous étions simplement en train d'admirer la poitrine de la jeune femme, qui devrait être classée au patrimoine mondial ! Et que nous n'étions absolument pas en train de nous dire que nous allions la partager entre nous !!

– C'est pour cela qu'il s'est fâché ! se dit Nagisa.

– Retirons-nous maintenant, je serais embarrassé si les journaux

moustache & grosse poitrine :
mustache & huge breast
Menu
Menu
MUSTA
KETCH

à scandales titraient : "Un professeur impliqué dans l'agression d'une serveuse"...

– Une vraie poule mouillée, Koro-sensei ! pensa Terasaka.

Koro-sensei attrapa Terasaka et Nagisa et sortit du restaurant aussi vite que possible.

– Franchement, tout ça parce que Terasaka est distrait par les nichons... leur dit-il.

– Ne rejettez pas la faute sur les autres, Monsieur le poulpe !

– À cause de vous deux, j'ai raté l'authentique cheeseburger américain... Alors allons au "McDonald's" !

– Mais... Il y en a aussi au Japon ! s'écrièrent Nagisa et Terasaka en même temps...

Date . .

NOM — — — — **Capacité**

ability
[əbíləṭi]

EXEMPLE Our teacher's ability decreases by 20% per each lost tentacle : les capacités de notre professeur baissent de 20 % à chaque tentacule perdue.

— VERBE INTRANSITIF VERBE TRANSITIF — — **Atteindre**, **obtenir**

achieve
[ətʃíːv]

EXEMPLE We achieved the privilege to bust his tentacles : on a obtenu le privilège d'éclater ses tentacules.

— — VERBE TRANSITIF — — **Ajouter**

add
[ˈæd]

EXEMPLE Addition : addition

NOM — — — — **Adulte**

adult
[ədˈʌlt]

NOM — — — — **Angle**, **point de vue**

angle
[ˈæŋgl]

EXEMPLE He's particular about the angle : il est très attentif à l'angle.

NOM — — — — **Article**

article
[ɑ́ɚṭɪkl]

EXEMPLE Household articles : article ménager

EXEMPLE Article 9 of the Constitution : article 9 de la constitution

NOM — VERBE TRANSITIF — — **Battement**, **rythme**/**vaincre**, **frapper**, **taper**

beat
[bíːt]

EXEMPLE Beat the record : battre le record

EXEMPLE Bonham's backbeat is nicely laid back : le son de la basse de Bonham est plutôt cool.

NOM — — — — **Début, commencement**

beginning

[bɪgínɪŋ, bə-]

EXEMPLE From small beginnings : commencer par les petites choses

— — VERBE TRANSITIF — — **Rejeter la faute sur**

blame

[bléɪm]

EXEMPLE Blame someone for : accuser quelqu'un de ~

EXEMPLE Blame someone on : rejeter la faute sur ~

NOM — VERBE TRANSITIF — — **Bloc, pâté (de maisons)/bloquer**

block

[blάk]

EXEMPLE A block of ice : bloc de glace

EXEMPLE Road Blocked : route bloquée

NOM — — — — **Souffle, haleine**

breath

[bréθ]

ATTENTION Attention à la différence de prononciation du nom breath [bréθ] et du verbe breathe [brí:ð].

— — — ADJECTIF — **Large**

broad

[brˈɔ:d]

OPPOSÉ Narrow : étroit

NOM — VERBE TRANSITIF — — **Demande, revendication/Revendiquer, réclamer**

claim

[kléɪm]

EXEMPLE The class claimed their right to be treated to something : la classe a revendiqué son droit à se faire offrir quelque chose.

— VERBE INTRANSITIF VERBE TRANSITIF — — **Grimper**

climb

[kláɪm]

EXEMPLE We have to climb the cliff every morning : on doit grimper la falaise tous les matins.

ADJECTIF — **Près, proche**

close
[klóʊs]

EXEMPLE By the time we left, it was close to midnight : quand on est partis, il était près de minuit.

EXEMPLE Let's take a closer look : regardons-y de plus près.

VERBE TRANSITIF — **Collecter, rassembler**

collect
[kəlékt]

EXEMPLE Collect evidence / information : rassembler des preuves / informations

DÉRIVÉ Collection : collection, collecte

ADJECTIF — **Confortable**

comfortable
[kˈʌmfɚṭəbl]

EXEMPLE We used to hate this place, but I wonder why it's so comfortable now : on détestait cet endroit, et je me demande comment c'est devenu aussi confortable maintenant.

VERBE INTRANSITIF / VERBE TRANSITIF — **Se plaindre**

complain
[kəmpléɪn]

EXEMPLE They complained about the noisy lifeguard : ils se sont plaints du maître-nageur bruyant.

DÉRIVÉ Complaint : plainte

NOM — **Intérêt, souci**

concern
[kənsˈɚːn]

EXEMPLE His major concern is to maintain his image as a comical character : son souci majeur est de maintenir son image de personnage comique.

DÉRIVÉ Concerned : concerné

VERBE TRANSITIF / ADJECTIF — **Corriger/correct**

correct
[kərékt]

EXEMPLE A correct answer : une bonne réponse

EXEMPLE Can you correct my pronunciation ? Peux-tu corriger ma prononciation ?

NOM — **Créature**

creature
[kríːtʃɚ]

EXEMPLE We tend to forget that he's not a creature from outer space : on a tendance à oublier que ce n'est pas une créature de l'espace.

NOM | VERBE INTRANSITIF | VERBE TRANSITIF | — | — **Croisement, croix/traverser**

cross

[kr'ɔːs]

EXEMPLE Cross a street / river : traverser la route / la rivière

It's the same now, too. Aware that there is a line Koro-Teacher cannot **cross** in order to remain as our teacher, he is challenging Koro-Teacher to the limit.

— | — | — | ADJECTIF | — **Curieux**

curious

[kj'ʊ(ə)riəs]

DÉRIVÉ Curiosity : curiosité

EXEMPLE Our teacher is annoyingly curious about our gossip : notre professeur nous agace à vouloir entendre nos ragots.

NOM | — | — | — | — **Cycle**

cycle

[sάɪkl]

EXEMPLE A vicious cycle : un cercle vicieux
A virtuous cycle : un cercle vertueux

NOM | VERBE INTRANSITIF | VERBE TRANSITIF | — | — **Affaire, quantité/s'occuper de, traiter/distribuer**

deal

[díːl]

EXEMPLE A great deal : beaucoup

EXEMPLE Deal with : traiter de, s'occuper de

EXEMPLE Deal in : distribuer

DÉRIVÉ Dealer : vendeur, dealer, distributeur (de cartes)

NOM | — | VERBE TRANSITIF | — | — **Désert/abandonner, déserter**

desert

[dézɚt]
[dɪz'ɚːt]

EXEMPLE The street was deserted : la rue était désertée.

SYNONYME Abandon : abandonner

"Please don't **desert** meeeee... You know I can't do anything without you..."

NOM — — — — **Directeur**

director

[dəréktə˞]

"I'm surprised that you like superhero movies, Karma."
"I like the **director**. It's unusual for him to work on a film based on American comics."

NOM — — — — **Distance**

distance

[dístəns]

EXEMPLE From a distance : de loin

DÉRIVÉ Distant : lointain, distant

— — VERBE TRANSITIF — — **Déranger**

disturb

[dɪstˈə˞:b]

EXEMPLE Do Not Disturb : ne pas déranger

NOM — — — — **Médicament, drogue**

drug

[drˈʌg]

— — — — ADVERBE **Exactement**

exactly

[ɪgzˈæk(t)li]

EXEMPLE What are you reading, "Gravity's Rainbow"? Exactly : qu'est-ce que tu lis, *L'Arc-en-ciel de la gravité* ? Exactement.

DÉRIVÉ Exact : exact

— VERBE INTRANSITIF — — — **Exister**

exist

[ɪgzíst]

EXEMPLE Rumor says that there exists a strange yellow octopus : la rumeur dit qu'il existe un étrange poulpe jaune

— VERBE INTRANSITIF VERBE TRANSITIF — — **S'étendre/agrandir**

extend

[ɪksténd]

EXEMPLE The desert extends to the horizon : le désert s'étend jusqu'à l'horizon.

— — — ADJECTIF — **Juste, équitable, valide**

fair

[féɚ]

EXEMPLE It's fair to say that : il est juste de dire que

OPPOSÉ Unfair : injuste

— — VERBE TRANSITIF — — **Nourrir**

feed

[fíːd]

EXEMPLE She has to feed her children all by herself : elle doit nourrir ses enfants toute seule.

— — — — ADVERBE **Vers l'avant**

forward

[fˈɔɚwɚd]

EXEMPLE I'm looking forward to seeing you again : je me réjouis de te revoir.

— — VERBE TRANSITIF ADJECTIF ADVERBE **Gratuit, libre, sans/libérer/gratuitement**

free

[fríː]

EXEMPLE Free from care / free of nuclear weapons : sans soucis / sans armes nucléaires

EXEMPLE For free : gratuitement

DÉRIVÉ Freedom : liberté

NOM — — — — **Biens**

goods

[gˈʊdz]

EXEMPLE Electrical / household goods : articles électriques / ménagers

— — — — ADVERBE **À peine**

hardly

[hάɚdli]

EXEMPLE We can hardly catch sight of him when he's flying : on l'aperçoit à peine quand il vole.

SYNONYME Barely, scarcely

NOM | — | — | — | —

horror

[h'ɔːrɚ]

Horreur

EXEMPLE First-rate educators know how to effectively make use of horror in teaching : les professeurs de première qualité savent comment utiliser efficacement la terreur dans l'éducation.

— | VERBE INTRANSITIF | VERBE TRANSITIF | — | —

hurt

[h'ɚːt]

Douloureux/blesser

EXEMPLE I hurt my arm : je me suis blessé au bras (= injure, wound)

EXEMPLE My head still hurts : ma tête me fait encore mal. (=ache)

— | — | VERBE TRANSITIF | — | —

introduce

[ìntrəd(j)úːs]

Présenter, introduire

EXEMPLE Introduce oneself : se présenter

DÉRIVÉ Introduction : introduction, présentation

"Then I shall **introduce** him. Hey, Itona !! Come on in !!"

— | — | VERBE TRANSITIF | — | —

involve

[ɪnválv]

Comporter, impliquer

EXEMPLE The assassination involves a lot of danger : l'assassinat implique beaucoup de dangers.

DÉRIVÉ Involved : impliqué / Involvement : implication

NOM | VERBE INTRANSITIF | — | — | —

labor

[léɪbɚ]

Travail/travailler

EXEMPLE She labored over making the gargantuan pudding : elle a travaillé dur pour créer un pudding gargantuesque.

— | — | — | ADJECTIF | —

local

[lóʊk(ə)l]

Local

EXEMPLE Local newspaper / custom : journal local / coutume

NOM — VERBE TRANSITIF — —

Serrure/fermer à clef

lock

[lɑ́k]

SYNONYME Key : clef

NOM — — — —

Chance

luck

[lˈʌk]

EXEMPLE Good / bad luck : bonne / mauvaise chance

DÉRIVÉ Lucky : chanceux

— VERBE INTRANSITIF VERBE TRANSITIF — —

Gérer/diriger, se débrouiller

manage

[mˈænɪdʒ]

EXEMPLE We finally managed to kill our teacher : on a finalement réussi à tuer notre professeur.

DÉRIVÉ Manager : gérant, responsable

DÉRIVÉ Management : gestion

— — — ADJECTIF —

Médical

medical

[médɪk(ə)l]

DÉRIVÉ Medicine : médecine, médicament

NOM — — — —

Réunion

meeting

[míːṭɪŋ]

EXEMPLE A secret meeting was held in order to kill the octopus : une réunion secrète a été tenue pour tuer le poulpe.

NOM — VERBE TRANSITIF — —

Mention/Mentionner

mention

[ménʃən]

EXEMPLE He can speak Portuguese, not to mention English : il peut discuter en portugais, sans parler de l'anglais.

EXEMPLE Don't mention it : ne le mentionne pas.

— — — — ADVERBE

Tout simplement, seulement

merely

[míɚli]

EXEMPLE She was merely a girl when she killed the man : elle n'était encore qu'une fillette quand elle a tué l'homme.

ADVERBE — **Presque**

nearly
[níɚli]

EXEMPLE We nearly killed him : on l'a presque tué.

SYNONYME Almost

ADJECTIF — **Normal**

normal
[nˈɔɚm(ə)l]

EXEMPLE It is perfectly normal to love big boobs : il est parfaitement normal d'aimer les gros seins.

SYNONYME Ordinary : ordinaire / Common : commun

NOM — ADJECTIF — **Opposé**

opposite
[άpəzɪt]

EXEMPLE On the opposite side of : à l'opposé de

DÉRIVÉ Oppose support : s'opposer à

DÉRIVÉ Opposition : opposition

NOM — **Paragraphe**

paragraph
[pˈærəgrˋæf]

EXEMPLE The novel opens with a fine paragraph : ce roman commence par un bon paragraphe.

NOM — **Partenaire**

partner
[pάɚtnɚ]

EXEMPLE A business partner : partenaire en affaires

DÉRIVÉ Partnership : partenariat

NOM — VERBE INTRANSITIF — VERBE TRANSITIF — **Permis/passer, réussir (un examen)**

pass
[pˈæs]

EXEMPLE Could you pass me that gun ? Peux-tu me passer ce pistolet ?

EXEMPLE Pass / fail an exam : réussir un examen / échouer à

DÉRIVÉ Passenger : passager

NOM — **Passage**

passage
[pˈæsɪdʒ]

EXEMPLE A passage from / of Steve Erickson : un passage de Steve Erickson

— VERBE INTRANSITIF VERBE TRANSITIF — —

Verser/se déverser

pour

[pˈɔɚ]

EXEMPLE Shall I pour you some aqua regia ?

est-ce que je vous verse de l'eau régale* ?

EXEMPLE Blood was pouring from his nose :

du sang se déversait de son nez.

*L'eau régale ou eau royale est un mélange d'acide chlorhydrique et d'acide nitrique concentrés. Elle est capable de dissoudre certains métaux nobles tels le platine, l'or ou le tantale.

— — — — ADVERBE

Probablement

probably

[prάbəbli]

EXEMPLE Will he come back ? Probably not :

Va-t-il revenir ? Probablement pas.

NOM — VERBE TRANSITIF — —

Promesse/promettre

promise

[prάmɪs]

EXEMPLE Promise me that you will come :

promets-moi que tu vas venir.

"I became your teacher in order to keep the **promise** I made with someone."

— — VERBE TRANSITIF — —

Prouver

prove

[prúːv]

EXEMPLE Our teacher proved not to be a lingerie thief : il s'est avéré que notre professeur n'était pas un voleur de sous-vêtements.

— — VERBE TRANSITIF — —

Continuer, poursuivre

pursue

[pɚsúː]

EXEMPLE Pursue pleasure / fame :

rechercher sans cesse le plaisir / la gloire

DÉRIVÉ Pursuit : poursuite

NOM — — — —

Quart, 15 minutes, 25 cents

quarter

[kwˈɔɚṭɚ]

SYNONYME Half : moitié

ADVERBE

quite
[kwάɪt]

Assez, tout à fait

EXEMPLE He's quite a sniper : c'est un sacré sniper.

EXEMPLE The bottle is quite empty : la bouteille est assez vide.

ADJECTIF

recent
[rí:snt]

Récent, nouveau

DÉRIVÉ Recently : récemment

VERBE TRANSITIF

reject
[rɪdʒékt]

Rejeter

OPPOSÉ Accept : accepter

NOM · VERBE INTRANSITIF · VERBE TRANSITIF

reply
[rɪplάɪ]

Réponse/répondre

EXEMPLE He refused replying the question : il refusa de répondre à la question.

SYNONYME Answer

NOM · VERBE TRANSITIF

respect
[rɪspékt]

Respect/respecter

EXEMPLE Differ in some respects : différer sur certains points

DÉRIVÉ Respectable : respectable

DÉRIVÉ Respective : respectif

NOM · VERBE INTRANSITIF

result
[rɪz'ʌlt]

Résultat/résulter

EXEMPLE Their negotiations resulted in failure : leurs négociations ont débouché sur un échec.

NOM

revolution
[rèvəlú:ʃən]

Révolution

EXEMPLE That class E has beaten class A was as if a revolution took place : le fait que la classe E ait vaincu la classe A, c'était comme si une révolution avait eu lieu.

NOM | VERBE INTRANSITIF | VERBE TRANSITIF | ADJECTIF | ADVERBE

round

[rάʊnd]

Round/autour de, de partout/arrondir/s'arrondir/tour, round

EXEMPLE Round the corner : coin de la rue

EXEMPLE Walk round : se balader

SYNONYME Around

— | — | VERBE TRANSITIF | — | —

satisfy

[sˈæṭɪsfὰɪ]

Satisfaire

EXEMPLE The octopus was satisfied with some sweets : le poulpe était satisfait avec quelques bonbons.

DÉRIVÉ Satisfaction : satisfaction

Satisfactory : satisfaisant

NOM | VERBE INTRANSITIF | VERBE TRANSITIF | — | —

score

[skˈɔɚ]

Score/marquer (des points)

EXEMPLE They scored incredibly high in the exam : leur score était incroyablement élevé à l'examen.

NOM | VERBE INTRANSITIF | VERBE TRANSITIF | — | —

search

[sˈɚːtʃ]

Recherche/chercher

EXEMPLE Search ~ for ~ : chercher un objet à un endroit

SYNONYME Seek : chercher

NOM | — | VERBE TRANSITIF | — | —

sentence

[sénṭəns]

Phrase/condamner

EXEMPLE Quote the sentences from "The Catcher in the Rye" : citer des phrases de *L'Attrape-cœurs*

EXEMPLE He was sentenced to death : il a été condamné à mort.

NOM | — | — | — | —

series

[sí(ə)riːz]

Série

EXEMPLE A series of clever attacks : une série d'attaques astucieuses

— | VERBE INTRANSITIF | VERBE TRANSITIF | — | —

shut

[ʃˈʌt]

Se fermer/fermer

EXEMPLE Shut the door / eyes / mouth : Fermer la porte / les yeux / la bouche

EXEMPLE Shut down : fermer

EXEMPLE Shut out : exclure

NOM | VERBE INTRANSITIF | VERBE TRANSITIF | — | —

skip

[skíp]

Sautiller/sauter/sécher (un cours)

EXEMPLE Skip class / lunch :

sécher un cours /

sauter un repas

> "We said we were going to **skip** that slimy stuff, don't you remember ?"
> "But there's huge difference between 'being slimy' and 'not being slimy' so..."
> "Enough of that slimy *!!*"
> "What ?!"

NOM | — | — | — | —

soldier

[sóʊldʒɚ]

Soldat

EXEMPLE An elite soldier :

un soldat d'élite

— | — | — | ADJECTIF | —

specific

[spɪsífɪk]

Spécifique

EXEMPLE A specific purpose : un but spécifique

EXEMPLE Be specific : sois précis

DÉRIVÉ Specifically : spécifiquement

SYNONYME Particular : particulier

— | — | — | ADJECTIF | ADVERBE

straight

[stréɪt]

Droit/tout droit

EXEMPLE Go straight : avance tout droit

NOM | — | — | — | —

success

[səksés]

Succès

EXEMPLE We tried to kill him, but without success :

on a essayé de le tuer, mais sans succès.

— | VERBE INTRANSITIF | VERBE TRANSITIF | — | —

suffer

[sˈʌfɚ]

Souffrir

EXEMPLE He's suffering from anxiety about money :

il souffre d'anxiété à propos de l'argent.

NOM — VERBE TRANSITIF — —

supply

[səplάɪ]

Approvisionnement/approvisionner

EXEMPLE We first supplied him with porn magazines and rooted him on the spot : on l'a d'abord approvisionné en magazines porno et immobilisé sur place.

NOM — VERBE TRANSITIF — —

surprise

[sə-prάɪz]

Surprise/surprendre

EXEMPLE I was surprised to learn that : j'étais surprise d'apprendre que ~

DÉRIVÉ Surprising : surprenant

EXEMPLE It is surprising that : c'est surprenant que ~

— VERBE INTRANSITIF VERBE TRANSITIF — —

survive

[sə-vάɪv]

Survivre/subsister

EXEMPLE Our teacher always survives our attacks : notre professeur survit toujours à nos attaques.

DÉRIVÉ Survival : survie

— — — ADJECTIF —

universal

[jù:nəv'ə-:sl]

Universel

EXEMPLE A universal truth : une vérité universelle

DÉRIVÉ Universe : univers

University : université

NOM — — — —

talent

[t'ælənt]

Talent

EXEMPLE A talented beauty : une beauté talentueuse

SYNONYME Gift : don / Ability : capacité

NOM — — — —

temperature

[témp(ə)rətʃ'ʊə-]

Temperature

EXEMPLE Water boils at the temperature of 100 : l'eau bout à 100 degrés.

NOM — — — —

theme

[θí:m]

Thème

EXEMPLE The theme of this book is more about education rather than assassination : le thème de ce livre est plutôt l'éducation que l'assassinat.

NOM — — — —

theory

[θíːəri]

Théorie

EXEMPLE Darwin's theory of evolution :

la théorie de l'évolution de Darwin

NOM — — — —

traffic

[trˈæfɪk]

Trafic

EXEMPLE Be / get stuck in a traffic jam :

être / se retrouver coincé dans les embouteillages

— VERBE INTRANSITIF VERBE TRANSITIF — —

translate

[trænsléɪt]

Traduire

EXEMPLE My teacher has translated numerous novels from English into Japanese at an incredible speed :

mon professeur a traduit de nombreux romans de l'anglais au japonais à une vitesse incroyable.

NOM — VERBE TRANSITIF — —

treat

[tríːt]

Traiter/cadeau, (petit) plaisir

EXEMPLE Our teacher never treats us like [as] children :

notre professeur ne nous traite jamais comme des enfants.

DÉRIVÉ Treatment ; traitement

— — — ADJECTIF —

vast

[vˈæst]

Vaste

EXEMPLE A vast amount of money :

une somme d'argent considérable

NOM — VERBE TRANSITIF — —

waste

[wéɪst]

Gâchis/gâcher

EXEMPLE A waste of time / money :

une perte de temps / d'argent

EXEMPLE Do not waste your talent on such a thing :

ne gâche pas ton talent sur une telle chose.

"Don't you think that's much useful than **wasting** time for pointless study ? So just be quiet and follow me..."

biff

ADJECTIF **Faible**

weak

[wíːk]

EXEMPLE He has a weak heart : il a le cœur fragile.

OPPOSÉ Strong : fort

NOM **Poids**

weight

[wéɪt]

DÉRIVÉ Weigh : peser

RÉFÉRENCE High : haut / Height : hauteur

Long : long / Length : longueur

Deep : profond / Depth : profondeur

ADJECTIF **Mouillé**

wet

[wét]

EXEMPLE He's no good at all when he gets wet : il n'est plus bon à rien quand il est mouillé.

OPPOSÉ Dry : sec

NOM **ADJECTIF** **Tout, entier/ensemble**

whole

[hóʊl]

EXEMPLE The whole thing : le tout

EXEMPLE In the whole world : dans le monde entier

EXEMPLE The whole of the day : toute la journée

DÉRIVÉ Wholly : entièrement

NOM **Volonté, testament**

will

[wil]

EXEMPLE The will to kill him : la volonté de le tuer

"Yes
I turned against my
master on my own
free **will**."

NOM **Bois, forêt**

wood

[w'ʊd]

EXEMPLE A house made of wood : une maison faite en bois

EXEMPLE Play cops and robbers in the woods : jouer au chat et à la souris dans la forêt

SYNONYME "Forêt", du plus petit au plus grand : Grove < wood < forest

3-E COURS SPÉCIAL

Le vocabulaire des sucreries avec KAEDE KAYANO

Étudions les sucreries en étudiant l'anglais ! Je vais principalement présenter les goûters que mangeait Koro-sensei.

KAEDE KAYANO DATA

Elle est aimable d'habitude, mais devient une tout autre personne lorsqu'on parle de sucreries. Tout comme Koro-sensei, c'est une accro au pudding.

▷ Giant pudding

[containing anti-teacher bullets]

PUDDING GÉANT

(avec bombe anti-professeur)

▷ ingredients Ingrédients

eggs

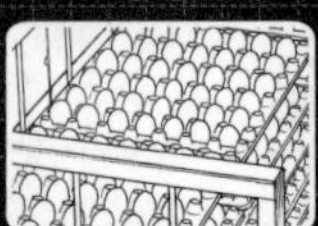

Œufs

\+

sugar & milk & vanilla + agar & gelatin

Sucre • lait • extrait de vanille + agar-agar • gélatine

\+

bomb

Bombe

example sentence

I could eat pudding endlessly.

Je pourrais manger du pudding éternellement.

What's pudding? Qu'est-ce que le pudding ?

Vient du vieil anglais "puduc" qui veut dire "enflure". C'est ensuite devenu "pudding", désignant la cuisine et les sucreries cuites à la vapeur. Le pudding géant que nous avons réalisé pour Koro-sensei a été durci à la gélatine sans être cuit à la vapeur, et serait donc classé dans la catégorie "chemical pudding".

Sweets Shop World Map

Carte des magasins de sucreries à travers le monde

Italy
Italie

▷ **gelato**
Crème glacée

▷ **cafe latte Aloha version**
Café latte version Aloha

▷ **coconut**
Noix de coco

Hawaii
Hawaii

New York
New York

▷ **popcorn** Popcorn

Everest
Everest

▷ **shaved ice** Glace pilée

Shanghai
Shangai

▷ **almond jelly**
Annin-dofu

North Pole
Pôle Nord

▷ **Local Delicacy of Iruma City "IRUMANJU"**
Brioche Irumanju, spécialité de la ville d'Iruma

▷ **Local Delicacy of Kyoto "YATSUHASHI"**
Yatsuhashi, spécialité de la ville de Kyoto

Japan
Japon

"Wa" Sweets
Sucreries "wa"

How to order a sweet drink
Comment commander une boisson particulièrement sucrée

One grande coffee frappechino with extra shot, syrup
Un / grand / café frappé / avec supplément / espresso / sirop

with extra whip, charamel sauce & chocolate chips.
avec / supplément chantilly / sauce caramel / pépite de chocolat

C'est très long, n'est-ce pas ?
Essaye de le commander dans un café !

Date · ·

3-A COURS SPÉCIAL

Complexe aggravé du père : hardcore father complex

Les paroles de sagesse et proverbes pour l'empereur avec GAKUSHÛ ASANO

GAKUSHÛ ASANO DATA

Il est le fils du proviseur Asano. C'est un génie qui occupe la première place toute l'année. Il est ambitieux et complote pour dominer son père en découvrant le secret de la classe 3-E.

Un cours pour la classe E ? C'est ridicule, mais je vais vous apprendre les principes du leader de la classe A qui rayonne sur Kunugigaoka.

Un chef est un marchand d'espérance

A leader is a dealer in hope.

Napoléon Bonaparte (empereur français)

Il ne faut pas crier tayaut tant qu'on n'est pas sorti du bois.

Don't halloo till you are out of the wood.

Tokugawa Ieyasu (premier shogun du régime Edo)

Quoi que tu fasses, fais-le de toutes tes forces.

Whatever you do, do with all your might.

Sakuma Shôzan (penseur et guerrier de la fin de la période Edo)

Fréquemment utilisés par Gakushû Asano

Vocabulaire anglais que les vainqueurs doivent connaître

- ***Victoire*** = victory
- ***Gloire*** = glory
- ***Succès*** = success
- ***Règne*** = rule
- ***Submerger*** = overwhelm
- ***Comme vous le voulez*** = As you please.
- ***Majesté*** = majesty
- ***Prodige*** = prodigy
- ***Invincible*** = invincible
- ***Zénith*** = zenith

CHAPTER 6

6ᵉ chapitre - Niveau supérieur ①

advanced1

À partir d'ici, le niveau est très avancé.
From here the level is highly advanced.

Assurez-vous d'être bien préparés.
Be sure to brace yourself.

6. LE SAMEDI AU MAID CAFÉ

At the maid café on Saturday

6. LE SAMEDI AU MAID CAFÉ

Terasaka s'apprêtait à sortir du bâtiment scolaire quand il fut interpellé par Nagisa.

–Terasaka !

– Quoi ?

–Tu ne veux pas qu'on étudie ensemble, en vue du test de vocabulaire d'anglais d'après-demain ? Je suis un peu anxieux... lui dit Nagisa.

– Imbécile, le vocabulaire d'anglais, y a rien à faire, faut juste le retenir !

– Mais, si on révise ensemble en se posant mutuellement des questions, ça ira plus vite.

– Essaye de te débrouiller seul, ce n'est que du vocabulaire d'anglais après tout, lui répondit Terasaka en grimaçant. Moi, j'ai des choses à faire cet après-midi !

Sur ces mots, il s'éloigna à grands pas. Nagisa continuait à le suivre du regard tandis qu'il traversait la cour.

S'inquiétant de Nagisa qui regardait dans le vide près de l'entrée du bâtiment scolaire, Kayano lui adressa la parole.

– Que se passe-t-il, Nagisa ?

– J'ai dit à Terasaka qu'on devrait étudier ensemble, mais il a refusé en prétextant qu'il avait des trucs à faire.

– "Des trucs à faire", voyons... ah, tiens ?!

Kayano frappa des mains lorsqu'elle comprit quelque chose en apercevant Terasaka au loin.

– Regarde, regarde ! dit-elle.

Kayano pointa du doigt Terasaka qui discutait avec Takebayashi.

– Ah, c'est donc ça...

Nagisa saisit tout de suite ce que Kayano voulait dire.

– Suivons-les !

– Oui !

Ils emboîtèrent le pas à Terasaka et Takebayashi qui descendaient la montagne sur laquelle se trouvait le bâtiment scolaire. Arrivés à la gare, ils vérifièrent que ces derniers prenaient le train, et firent de même. Au moment où les portes se fermaient, Karma sauta à l'intérieur.

– Salut ! Vous jouez aux détectives ? leur dit-il.

– Mais non, précisa Nagisa. Nous poursuivons Terasaka pour réviser ensemble le vocabulaire d'anglais... Et toi, pourquoi t'es là ?

– Parce que vous avez l'air tellement sans défense à vous balader tous les deux. Je me suis donc dit que vous aviez besoin d'une protection et que ce serait en plus l'occasion d'aller à la pêche aux racailles, qui ne vont pas manquer de vous attaquer.

– La pêche aux racailles… reprit Kayano, blasée.

Après le trajet en train, ils suivaient toujours Terasaka et Takebayashi quand ces derniers s'arrêtèrent soudain...

– On s'en doutait ! s'exclamèrent Nagisa et Kayano d'un air entendu.

– Ils sont devant le "Maid Café" *Noir et Blanc* !

– Allons-y ! dit Nagisa.

– Hein, on entre, t'es sûr ? lui dit Kayano.

– Si on n'intervient pas, ils risquent de faire une bêtise !

Nagisa pénétra dans le Maid Café sans hésiter.

– Voilà donc les Maid Cafés dont on parle tant !

D'un air intéressé, Karma inspectait l'entrée avant de s'engager, et Kayano le suivit nerveusement.

– Bienvenue, maître !

Des maids dans un costume gothique les accueillirent.

L'atmosphère impressionna Nagisa qui tressaillit un instant.

– Oh, adorable ! reprirent-elles en cœur.

Nagisa et Kayano étaient encerclés par plusieurs maids, qui répétaient en boucle "adorable", "adorable". Karma prit un peu de recul, et observa la scène d'un air amusé.

– Un maître aussi mignon, j'en suis ravie !

Une maid avec des oreilles de chat les conduisit tous les trois à une table. Nagisa jetait des coups d'œil furtifs à droite et à gauche.

– Ça ressemble donc à ça, les Maid Cafés...!

– C'est la première fois que tu viens ici, Nagisa ? dit Karma.

– Bien sûr !

– C'est aussi ma première fois... tint à préciser Kayano qui observait avec des yeux ronds l'intérieur rempli d'objets mignons.

– Je ne vois ni Terasaka ni Takebayashi.

– Ils sont peut-être tout au fond, dit Karma.

– Alors, allons voir de plus près... proposa Nagisa.

Au moment où il essaya de se lever, une maid aux oreilles de chat apporta le menu.

– Que choisissez-vous, maître ?

– Heu, c'est-à-dire que, voyons...

Peu habitué à être appelé "maître", Nagisa, fébrilement, jeta un coup d'œil au menu ouvert par la maid.

– Il n'y a pas que du thé ou des coupes de glace... Ah, mais il y a aussi des jeux, pensa à haute voix Nagisa.

– Oui, il y en a ! Vous avez le choix entre : "Transformation en maid Moe-Moe* !", "Jeux de suspense Moe-Moe", "Punition Moe-Moe"...

*Terme employé dans la culture Otaku (animé, manga, jeu vidéo) pour désigner quelque chose de mignon.

Alors que la maid énumérait tous les jeux, Kayano tapota le bras de Nagisa et lui dit :

– Voici Terasaka et Takebayashi !

Ces derniers étaient attablés dans le fond du restaurant. Quand les boissons arrivèrent, la maid souffla sur les tasses de thé fumantes. En total contraste avec son attitude en classe,

Takebayashi bombait le torse et semblait décontracté. À l'inverse, Terasaka souriait nerveusement et affichait un air complexé.

– Takebayashi est clairement "le Roi du Moe". En revanche, Terasaka n'a aucune classe.

– Euh... Terasaka n'aurait pas une réaction assez normale, en fait ?

Takebayashi réagit en entendant la voix de Nagisa.

– Nagisa ? Qu'est-ce que vous faites-là !

– On devait réviser l'anglais, non ? répondit Nagisa.

– Laisse-moi le samedi pour m'amuser ! Et arrêtez de me suivre ! précisa Terasaka.

– Si tu maîtrises le vocabulaire d'anglais alors ça me va, mais est-ce que tu es bien sûr de toi ?

– Ouais, je le suis, affirma Terasaka.

– Alors, testons cela... Un "Moe-Moe Scrabble" s'il vous plaît ! commanda Nagisa à la maid, et il ajouta :

– Il faut assembler les lettres comme pour les mots croisés. En utilisant les Q ou les Z, tu marques beaucoup de points.

– Merci pour votre commande ! Si vous obtenez un bon score au "Moe-Moe Scrabble", vous recevrez un cadeau-réconfort de la part des maids.

– Wow, ça vaut le coup ! s'exclama Terasaka avec un grand sourire.

Une maid avec des oreilles de chat apporta le Scrabble. Sous son regard, Nagisa et les autres alignaient les lettres.

– Vous allez pouvoir m'admirer dans mon domaine de prédilection, se vanta Takebayashi qui venait de poser un mot tout en faisant scintiller ses lunettes.

– "DIMENSIONAL"… Qu'est-ce que ça veut dire ? demanda Nagisa.

– Cela vient de "Dimension". Le "D" dans 2D, c'est celui de "dimension".

– Sacré Takebayashi !

– Alors que dis-tu de ça ?

Terasaka aligna ses lettres les unes après les autres.

– "QUIZ" ! Ce mot comporte à la fois le Q et le Z. Impressionnant ! dit Nagisa.

– Enfin, c'était écrit là, précisa Terasaka en pointant du doigt le menu affiché au mur :

– Moe-Moe Quiz avec les maids.

– Tu triches ! s'écria Kayano.

– Hé hé ! Aucune règle n'interdit de regarder les murs, ricana Terasaka.

La maid aux oreilles de chat compta les points :

– Impressionnant ! Plus de vingt points !

– C'est à vous, maid ! proposa Nagisa.

Le mot qu'elle aligna sur la planche était :

– "TENTACLE" ("tentacule").

– Hein ?!

Nagisa observa mieux la maid et se rendit compte que c'était en fait Koro-sensei déguisé en soubrette !

– Détendez-vous et profitez d'un bon massage d'épaules !

– C'est vous ! dit Terasaka en repoussant les tentacules qui lui tripotaient les épaules.

– Même moi je n'éprouve rien devant une maid-poulpe.

– Ne sois pas vexé, et amusons-nous dans le pays du Moe !

Koro-sensei s'assit à la table de Terasaka pour déguster une coupe de glace.

– Bizarrement, c'est vous qui contrastez le moins dans le paysage, Monsieur Koro ! dit Terasaka.

En jetant un coup d'œil à Terasaka, Nagisa aligna ses lettres pour former cette fois-ci le mot :

– "MEID".

– Nagisa, qu'est-ce que c'est ? demanda Koro-sensei.

– "Maid". Comme dans Maid Café… répondit Nagisa.

– C'est faux, répondit Terasaka du tac au tac, qui poursuivit :

– C'est "MAID", le bon mot. Mal orthographier "maid" dans un Maid Café, c'est un comble ! Ça mérite une punition !

– Hein ?!

– Regarde bien leur menu. Il prévoit toute une partie consacrée aux jeux de "punition", n'est-ce pas ? Choisis-en un ! ajouta Koro-sensei.

– Alors, celui-là ! répondit Nagisa tout en désignant du doigt le jeu "Roulette russe Moe-Moe".

– Hein, hein, pourquoi tu as commandé ça ? demanda Koro-sensei.

– Ben c'est écrit : "Parmi les gâteaux en forme de poupée se trouve un seul gâteau qui est très épicé". J'adore cette version de la roulette russe ! s'enthousiasma Nagisa.

La maid apporta le plat sur lequel étaient disposés les gâteaux.

– C'est sympa comme animation, ces jeux sont un peu ringards mais amusants ! Alors, lequel-vais-je-prendre ? dit lentement Nagisa.

Koro-sensei distrait par les sucreries, lui demanda, curieux :

– Pourquoi ce jeu te plaît à ce point ?

– Ça ne vous regarde pas… répondit Nagisa, agacé.

– Alors tant qu'à faire, participons tous ensemble ! Ce sera forcément plus sympa ainsi, proposa Koro-sensei.

La maid aux oreilles de chat leur précisa la règle du jeu :

– Il faut avaler votre gâteau en une seule bouchée. C'est le principe de la "Roulette russe Moe-Moe" !

À son signal, Terasaka, Takebayashi, Nagisa, Kayano et Karma, ainsi que Koro-sensei et la maid en engoufrèrent chacun un.

– Il est bon celui-ci ! Qui est tombé dessus ? demanda Kayano.

– Ce n'est malheureusement pas moi. Quand tu as la chance de tomber sur ce gâteau, tu gagnes un bonus, expliqua Takebayashi.

À peine eut-il fini que Terasaka commença à tousser.

– C'est quoi, ce truc ? C'est super pimenté !

– Un des gâteaux contient une forte dose de piment "Bhut Jolokia", indiqua la maid.

– C'est aussi l'un de mes meilleurs stratagèmes ! s'exclama Karma en sortant deux gâteaux de son sac.

– Sérieux ?!

Terasaka bu un grand verre d'eau puis s'attaqua à la coupe de glace de Koro-sensei. Mais il s'arrêta net et se remit à tousser.

– C'est quoi, ce truc ? C'est super épicé !

– T'es bête. Je l'avais préparé exprès pour Koro-sensei et tu l'as mangé... dit Karma en affichant un sourire diabolique.

2 dimensions
2 TWO DIMENSIONAL
EST-CE QU'ON AVAIT DES SERVEUSES AUSSI GRANDES ?

ADJECTIF

alive
[əláɪv]

Vivant

EXEMPLE If we don't succeed in killing our teacher, we won't be alive next year : si l'on ne réussit pas à tuer notre professeur, on ne sera plus vivants l'année prochaine.

NOM

amount
[əmáʊnt]

Quantité, prix, montant

EXEMPLE A large / small amount of money : une grosse / petite somme d'argent

ADJECTIF

ancient
[éɪnʃənt]

Ancien

EXEMPLE Heading for the exams, we felt like ancient gladiators : en route pour les examens, nous avions l'impression d'être des gladiateurs de l'Antiquité.

OPPOSÉ Contemporary, modern : contemporain, moderne

ADJECTIF ADVERBE

apart
[əpɑ́ɚt]

À l'écart, à part/en morceaux, séparé

EXEMPLE Two miles (weeks) apart : séparé par 2 miles (semaines)

EXEMPLE Take a clock apart : démonter une montre

NOM VERBE INTRANSITIF VERBE TRANSITIF

approach
[əpróʊtʃ]

Approcher/approche/s'approcher de

EXEMPLE A new approach to Salinger : une nouvelle approche de l'œuvre de Salinger

EXEMPLE The deadline is approaching : la date limite approche.

NOM

army
[ɑ́ɚmi]

Armée

RÉFÉRENCE Navy : marine

Air force : armée de l'air

NOM VERBE TRANSITIF

attempt
[ətém(p)t]

Tentative/tenter

EXEMPLE Attempt to do ~ : tenter de faire ~

NOM — — — — **Assez, tout à fait**

attention

[ətén∫ən]

EXEMPLE Pay attention to : faire attention à (=attend to)

EXEMPLE Get attention : attirer l'attention

— — — ADJECTIF — **Horrible, énorme**

awful

[ˈɔːf(ə)l]

SYNONYME Awesome : impressionnant, génial

EXEMPLE She ditched me : elle m'a largué !
Seriously ? That's awful !
Vraiment ? C'est horrible !

NOM — — — — **Attitude**

behavior

[bɪhéɪvjɚ, bə-]

DÉRIVÉ Behave : se comporter, se conduire

EXEMPLE Behave yourself : comporte-toi bien !

ATTENTION Behaviour : en Angleterre, on l'écrit avec un "u" mais cela se prononce de la même façon.

NOM — — — — **Sang**

blood

[blˈʌd]

EXEMPLE Blood-thirsty : assoiffé de sang

EXEMPLE Coz we're brothers of the full blood : parce qu'on est des frères de sang.

NOM — — — — **Planche, tableau, conseil (d'administration)**

board

[bˈɔɚd]

EXEMPLE Have a seat on the board : avoir un siège au conseil

— — — ADJECTIF — **Ennuyeux**

boring

[bˈɔːrɪŋ]

ATTENTION Faites bien la distinction entre les deux formulations suivantes.
He's bored : il s'ennuie
He's boring : il est ennuyeux

NOM — — — — **Carrière**

career

[kəríɚ]

EXEMPLE He has a brilliant career before him : il a une brillante carrière devant lui.

— — — ADJECTIF — **Décontracté**

casual
[kˈæʒuəl]

OPPOSÉ Formal : formel

NOM — — — — **Cent, centime**

cent
[sént]

SYNONYME Dollar : dollar / Euro : euro

NOM — — ADJECTIF — **Principal, premier/chef**

chief
[tʃí:f]

EXEMPLE The chief director :
directeur en chef

NOM — — — — **Indice**

clue
[klú:]

EXEMPLE Get a clue to a question :
trouver les indices pour répondre à une question

NOM — — — — **Communauté**

community
[kəmjú:nəṭi]

EXEMPLE The academic community :
la communauté académique

EXEMPLE The American community in Tokyo :
la communauté américaine de Tokyo

NOM — — — — **Confiance**

confidence
[kάnfədns]

EXEMPLE Have / lose confidence in :
avoir / perdre la confiance en

DÉRIVÉ Confident : confiant

DÉRIVÉ Confide : se confier

NOM — — — — **Résultat**

consequence
[kάnsɪkwèns]

EXEMPLE By natural consequences :
(avoir) pour effet, comme conséquences naturelles

SYNONYME Effect : effet

— VERBE INTRANSITIF — — — **Consister, être, se composer de**

consist
[kənsíst]

EXEMPLE Happiness consists in contentment : le bonheur est dans le contentement.

EXEMPLE The committee consists of five members : le comité se compose de cinq personnes.

NOM — — — — **Construction**

construction
[kənstrˈʌkʃən]

EXEMPLE Under construction : en construction

NOM — — — — **Coopération**

cooperation
[koʊàpəréɪʃən]

EXEMPLE In cooperation with : en coopération avec

Thank you, for **cooperating** with my education methods.

NOM — — — — **Cœur, noyau**

core
[kˈɔɚ]

EXEMPLE To the core : en profondeur

EXEMPLE A hardcore father complex : un profond complexe du père

— — — ADJECTIF — **Critique**

critical
[krítɪk(ə)l]

EXEMPLE Be of critical importance = critically important : d'une importance critique

DÉRIVÉ Criticize : critiquer

DÉRIVÉ Critic : critique (personne) / Criticism : critique (doctrine)

NOM — — — — **Client, clientèle**

customer
[kˈʌstəmɚ]

SYNONYME Consumer : consommateur

SYNONYME Client : client

SYNONYME Guest : invité

NOM — — — — **Données**

data

[déɪṭə]

EXEMPLE Collect / gather data : collecter / rassembler des données

NOM VERBE INTRANSITIF VERBE TRANSITIF — — **Déclin/décliner**

decline

[dɪkláɪn]

EXEMPLE Decline an offer / invitation : décliner une offre / invitation

DÉRIVÉ Refuse : refuser

— VERBE INTRANSITIF VERBE TRANSITIF — — **Défendre/protéger**

defend

[dɪfénd]

EXEMPLE Defend A against B : protéger A de B

DÉRIVÉ Defense : défense

OPPOSÉ Offend : offenser

Offense : offense, délit, attaque

— — — — ADVERBE **Malgré**

despite

[dɪspáɪt]

EXEMPLE We went for a walk despite the rain : on est partis se promener malgré la pluie.

SYNONYME In spite of, notwithstanding

— — VERBE TRANSITIF — — **Détruire**

destroy

[dɪstr'ɔɪ]

EXEMPLE He can destroy the Earth any time : il peut détruire la Terre à tout moment.

— VERBE INTRANSITIF VERBE TRANSITIF — — **Se diviser, diviser**

divide

[dɪváɪd]

EXEMPLE Our teacher can divide and multiply : notre professeur peut se diviser et se démultiplier.

DÉRIVÉ Division : division

— — — — ADVERBE **Facilement**

easily

[íːz(ə)li]

EXEMPLE Gambling can easily become an addiction : les jeux d'argent peuvent vite devenir une addiction.

VERBE TRANSITIF **Utiliser, employer**

employy

[ɪmplˈɔɪ]

EXEMPLE Our teacher employed an adult way to treat her : notre professeur a utilisé une méthode de soin pour adultes.

NOM **Ennemi**

enemy

[énəmi]

"However...
we do not know who our **enemy** is.
They may also act as a guest to attack us.
Let's go on full alert."

NOM **Divertissement**

entertainment

[èntə̣téɪnmənt]

EXEMPLE An adult entertainment : un divertissement pour adultes

DÉRIVÉ Entertain : divertir

ADJECTIF **Entier, complet**

entire

[ɪntάɪə]

EXEMPLE The entire day / family : toute la journée / famille

DÉRIVÉ Entirely : entièrement

SYNONYME Complete, whole

ADVERBE **Spécialement**

especially

[ɪspéʃəli]

EXEMPLE Do you like Hemingway? Not especially : Est-ce que tu aimes Hemingway ? Pas spécialement.

ADJECTIF **Essentiel**

essential

[ɪsénʃəl]

DÉRIVÉ Essentially : essentiellement

ATTENTION "Necessary" veut aussi dire "nécessaire", mais le sens est plus faible que pour "essential".

— — VERBE TRANSITIF — — **Examiner**

examine

[ɪgz'æmɪn]

EXEMPLE Examine how he got those tentacles : examiner comment il a obtenu ces tentacules

DÉRIVÉ Exam : examen

DÉRIVÉ Examination : inspection

NOM — VERBE TRANSITIF — — **Expérimentation/expérimenter**

experiment

[ɪkspérəmənt]

EXEMPLE As an experiment : en tant qu'expérimentation

NOM — VERBE TRANSITIF — — **Exprimer/express**

express

[ɪksprés]

EXEMPLE Express myself : m'exprimer

NOM — — — — **Facteur**

factor

[f'æktɚ]

EXEMPLE Poverty is only one of the factors in crime : la pauvreté n'est qu'un des facteurs en matière de criminalité.

NOM — — — — **Ferme**

farm

[fɑ́ɚm]

DÉRIVÉ Farmer : fermier

NOM — — — — **Champ, terrain, domaine**

field

[fíːld]

EXEMPLE That's not my field : ce n'est pas mon domaine.

— VERBE INTRANSITIF VERBE TRANSITIF — — **Geler, être immobilisé/congeler**

freeze

[fríːz]

EXEMPLE Freeze ! : ne bouge pas !

OPPOSÉ Melt, thaw : fondre

NOM | VERBE INTRANSITIF — **Fonction/fonctionner/rôle**

function

[fˈʌŋ(k)ʃən]

EXEMPLE The press fulfills a valuable function for our community : la presse joue un rôle essentiel pour notre communauté.

"In addition, she has an excellent ability to learn and also a **function** of remodeling her weapons."

NOM — **Classe, note, rang**

grade

[gréɪd]

SYNONYME Level : niveau, plat

"My boss is in a good mood because his daughter's **grades** improved thanks to Ritsu's lessons."

NOM — **Colline**

hill

[híl]

OPPOSÉ Valley : vallée

EXEMPLE Her breasts are like hills and valleys : sa poitrine est comme une vallée entourée de collines.

NOM — **Trou**

hole

[hóʊl]

EXEMPLE Our teacher cracked a joke "an octopus pot," crawling into a hole : notre professeur a fait une blague sur le "pot à poulpe" en se glissant dans un trou.

VERBE TRANSITIF — **Hôte/recevoir**

host

[hóʊst]

SYNONYME Hostess : hôtesse

OPPOSÉ Guest : invité

NOM — — — — **Identité**

identity

[ɑɪdénṭəṭi]

EXEMPLE Hide one's identity : cacher son identité

EXEMPLE Identity card : carte d'identité

— — VERBE TRANSITIF — — **Ignorer**

ignore

[ɪgn'ɔɚ]

EXEMPLE He always ignores the context of story : il ignore toujours le contexte de l'histoire.

DÉRIVÉ Ignorance : ignorance

— — — ADJECTIF — **Indépendant**

independent

[ìndɪpéndənt]

EXEMPLE An independent band : un groupe de musique indépendant (="Indé")

DÉRIVÉ Independence : indépendance

Dependence : dépendance

NOM — — — — **Instrument**

instrument

[ínstrəmənt]

EXEMPLE A dentist's instrument : un instrument de dentiste

— — — ADJECTIF — **International**

international

[ìnṭɚn'æʃ(ə)nəl]

EXEMPLE An international airport : un aéroport international

— — VERBE TRANSITIF — — **Enquêter sur**

investigate

[ɪnvéstəgèɪt]

EXEMPLE Police are still investigating the murder : la police continue de mener l'enquête sur le meurtre.

DÉRIVÉ Investigation : investigation

SYNONYME Look into

NOM — — — — **Justice**

justice

[dʒ'ʌstɪs]

DÉRIVÉ Just : juste

DÉRIVÉ Justify : justifier

— — — ADJECTIF — **Légal**

legal

[lí:g(ə)l]

OPPOSÉ Illegal : illégal

EXEMPLE That hotel is a hotbed of various illegal deeds : cet hôtel sert de couverture à diverses activités illégales.

— VERBE INTRANSITIF VERBE TRANSITIF — — **Perdre**

lose

[lú:z]

EXEMPLE Our English teacher loses her temper easily : notre professeur d'anglais pique facilement des colères.

NOM — VERBE TRANSITIF — — **Récent, nouveau**

market

[mάɚkɪt]

DÉRIVÉ Marketing : marketing

NOM — — — — **Maire**

mayor

[méɪɚ, méɚ]

ATTENTION Gnuh hu hu ! Si l'on raccourcit mayonnaise, ça devient "mayo" ! Et ça ressemble à "Mayor" !

— — — ADJECTIF — **Mental**

mental

[méntḷ]

EXEMPLE Mental breakdown : dépression nerveuse

OPPOSÉ Physical : physique

NOM — — — — **Méthode**

method

[méθəd]

EXEMPLE We are inventing new killing methods on a daily basis : on invente de nouvelles méthodes d'assassinat à un rythme quotidien.

"Furthermore, you are a student, a transfer student in fact. You must think of a **method** by yourself how to cooperate with everyone."

NOM — — — VERBE TRANSITIF — —

miss

[mís]

Manquer

EXEMPLE Miss lunch / the train :
manquer le déjeuner / train

EXEMPLE I still miss the old life :
mon ancienne vie me manque encore.

NOM — — ADJECTIF —

native

[néɪṭɪv]

Natif de, de langue maternelle, indigène/originaire de

EXEMPLE Native tongue (=language) : langue maternelle

EXEMPLE I'm a native of Hokkaido :
je suis de Hokkaido.

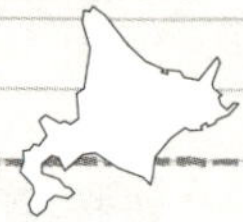

NOM — — ADJECTIF —

official

[əfíʃəl]

Officiel/fonctionnaire

EXEMPLE An official document : un document officiel

DÉRIVÉ Officer : officier

— — — ADJECTIF —

ordinary

[ˈɔɚdənèri]

Ordinaire

OPPOSÉ Extraordinary : extraordinaire

I smiled, and approached him in an **ordinary** way.

— — VERBE TRANSITIF — —

permit

[pɚmít]

Permettre

EXEMPLE Assassinating is not permitted in class :
il n'est pas permis d'assassiner pendant les cours.

DÉRIVÉ Permission : permission

NOM — — — —

poem

[póʊəm]

Poème

EXEMPLE A poem by T. S. Eliot : un poème de T. S. Eliot

DÉRIVÉ Poet : poète

DÉRIVÉ Poetry : poésie

NOM — — — — **Principe(s), méthode, morale**

principle
[prínsəpl]

EXEMPLE He has a unique teaching principle : il suit une méthode d'enseignement particulière.

ATTENTION Principal : principal / rôle principal

"...... !!"
That chief director...
he'd go this far for his **principle's** sake !!

NOM — — — — **Prison**

prison
[prízn]

SYNONYME Jail

DÉRIVÉ Imprison : emprisonner

NOM — — — — **Perspective(s), prospect, espoir**

prospect
[prάspekt]

EXEMPLE A guy with good prospects : un gars avec de bonnes perspectives d'avenir

NOM — — — — **Qualité**

quality
[kwάləṭi]

EXEMPLE Quality of life : qualité de vie

DÉRIVÉ Qualify : être qualifié pour, qualifier

OPPOSÉ Quantity : quantité

— — — ADJECTIF ADVERBE **Rare, saignant**

rare
[réə]

EXEMPLE It is rare for him to lose his temper : il est rare qu'il pique une colère.

DÉRIVÉ Rarely : rarement

OPPOSÉ Frequently, often : fréquemment, souvent

NOM VERBE TRANSITIF **Taux, tarif/classer**

rate
[réɪt]

EXEMPLE The unemployment / divorce / crime rate : le taux de chômage / de divorce / de criminalité

EXEMPLE Rate him highly : avoir beaucoup de considération pour lui

NOM — — — —

reaction

[riˈækʃən]

Réaction

DÉRIVÉ React to : réagir à

— — VERBE TRANSITIF — —

receive

[rɪsíːv]

Recevoir

DÉRIVÉ Receipt : reçu / Reception : réception

NOM — — — —

region

[ríːdʒən]

Région

EXEMPLE Our teacher has a soft spot for sweets despite the region where it comes from : notre professeur a un faible pour les sucreries, quelque soit la région d'où elles viennent.

NOM — — ADJECTIF —

relative

[rélətɪv]

Parent/relatif, respectif

EXEMPLE A close / distant relative : un parent proche / lointain

OPPOSÉ Absolute : absolu

NOM — VERBE TRANSITIF — —

release

[rɪlíːs]

Remise en liberté, sortie (de CD, etc.)/ relâcher, annoncer officiellement

EXEMPLE No information about the target has been released : les informations sur la cible n'ont pas été dévoilées.

— — — ADJECTIF —

remarkable

[rɪmáɚkəbl]

Remarquable

EXEMPLE It's remarkable that he made this fake nose : c'est remarquable qu'il ait fait ce faux-nez.

— — VERBE TRANSITIF — —

remind

[rɪmáɪnd]

Rappeler

EXEMPLE Remind me to buy batteries : rappelle-moi d'acheter des piles.

DÉRIVÉ Reminder : rappel

remove [rɪmúːv]

VERBE TRANSITIF — **Retirer, enlever**

DÉRIVÉ Removal : retrait, enlèvement

SYNONYME Get rid of

replace [rɪpléɪs]

VERBE TRANSITIF — **Remplacer**

EXEMPLE He replaced the former teacher : il a remplacé le professeur précédent.

DÉRIVÉ Replacement : remplacement, remplaçant

review [rɪvjúː]

NOM / VERBE TRANSITIF — **Réexamen, critique/réévaluer, revoir, critiquer**

EXEMPLE To review is essential to memorize English words : pour mémoriser le vocabulaire anglais, il est essentiel de le revoir.

rid [ríd]

VERBE TRANSITIF — **Débarrasser**

EXEMPLE I can hardly get rid of this sliminess : j'arrive à peine à me débarrasser de cette substance gluante.

salary [sˈæl(ə)ri]

NOM — **Salaire**

EXEMPLE By the way, would you mind considering promoting my salary just a bit ?

select [səlékt]

VERBE TRANSITIF — **Choisir**

DÉRIVÉ Selection : sélection

SYNONYME Pick, choose

shape [ʃéɪp]

NOM / VERBE TRANSITIF — **Forme, silhouette/façonner, influencer**

EXEMPLE A teacher in the shape of an octopus : un professeur sous l'apparence d'un poulpe

EXEMPLE Shape one's course : façonner le parcours de quelqu'un

Date · ·

NOM — — — — **Aptitude, compétence**

skill

[skíl]

EXEMPLE Learn / develop assassination skills : apprendre / développer les techniques d'assassinat

DÉRIVÉ Skilled, skillful : doué

"In her own way, she finds the necessary **skills** to kill me. She challenges and overcomes them just as she does with foreign languages."

NOM — — — — **Peau**

skin

[skín]

EXEMPLE Cast off one's skin : muer

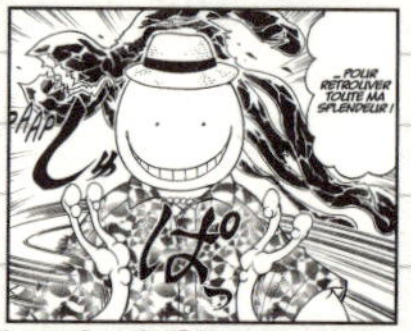

NOM — — — — **Étape, scène**

stage

[stéɪdʒ]

EXEMPLE The early / final stages of : les premières étapes / étapes finales de

NOM — — — — **(Au pluriel) escaliers**

stair

[stéɚ]

DÉRIVÉ Upstairs / downstairs : à l'étage du dessus / à l'étage du dessous

— VERBE INTRANSITIF — — — **Fixer du regard**

stare

[stéɚ]

EXEMPLE I'm sure he'll be stared at when he goes to the stadium : je suis sûre que tout le monde va le regarder quand il va aller au stade.

NOM — — — — **Style, manière, mode**

style

[stáɪl]

EXEMPLE In Gothic style : dans le style gothique

EXEMPLE Her teaching style is rather erotic : sa manière d'enseigner est assez érotique.

NOM — — ADJECTIF — **Sujet, thème, matière/être soumis**

subject
[sˈʌbdʒɪkt]

EXEMPLE The subject of a discussion : le thème de la discussion

EXEMPLE He's not subject to the laws of nature : il n'est pas soumis aux lois de la nature

DÉRIVÉ Subjective : subjectif / Objective : objectif

— — VERBE TRANSITIF — — **Entourer**

surround
[səráʊnd]

EXEMPLE Our teacher was surrounded and trapped : notre professeur a été encerclé et s'est retrouvé piégé.

DÉRIVÉ Surroundings : entourage, environnement

NOM — — — — **Système, organisation**

system
[sístəm]

EXEMPLE His cruel educational system : son système d'éducation cruel

DÉRIVÉ Systematic : systématique

NOM — — — — **Tâche, mission**

task
[tˈæsk]

EXEMPLE We were given the task of killing our teacher : on nous a donné la mission de tuer notre professeur.

SYNONYME Job : travail

— — — ADJECTIF — **Fin, mince, épars**

thin
[θín]

EXEMPLE She has especially thin lips : elle a des lèvres particulièrement minces.

OPPOSÉ Thick : épais / Dense : dense / Fat : gros

DÉRIVÉ Thinner : diluant

— — VERBE TRANSITIF — — **Lancer**

throw
[θróʊ]

EXEMPLE Throw a knife at the teacher : lancer un couteau sur le professeur

EXEMPLE Throw away : jeter

NOM — — — — **Outil**

tool
[tú:l]

EXEMPLE Our excursion guide may also be used as an attacking tool : le guide de notre excursion peut aussi être utilisé comme un outil d'attaque

NOM — Tradition

tradition

[trədíʃən]

DÉRIVÉ Traditional : traditionnel

SYNONYME Custom, convention : coutume

ADJECTIF — Unique

unique

[juːníːk]

EXEMPLE Our teacher has a unique laughter : notre professeur a un rire unique.

NOM — Unité

unit

[júːnɪt]

EXEMPLE The family is the basic social unit : la famille est l'unité sociale de base.

NOM / VERBE TRANSITIF — Exhorter/désir

urge

[ˈɚːdʒ]

EXEMPLE Our teacher urged us to obey his strict poolside manners : notre professeur nous a exhortés à suivre ses règles strictes de comportement au bord de la piscine.

NOM — Variété

variety

[vərάɪəṭi]

EXEMPLE The variety of his interests : la variété de ses intérêts

EXEMPLE A variety of : une variété de

DÉRIVÉ Various : varié / Vary : varier

NOM — Version

version

[vˈɚːʒən]

EXEMPLE She has read Salinger in the original version : elle a lu Salinger en version originale.

ADVERBE — Pratiquement, quasiment

virtually

[vˈɚːtʃuəli]

EXEMPLE He is virtually dead : il est quasiment mort.

SYNONYME Practically

NOM — — — —

vision
[víʒən]

Vision, vue, conception, clairvoyance

EXEMPLE The field of vision : une vision du futur

EXEMPLE A vision for the future : champ de vision

NOM | VERBE INTRANSITIF — — —

volunteer
[vàləntíɚ]

Bénévole/se porter volontaire

EXEMPLE He volunteered to reveal his own weak point : il proposa de révéler de lui-même son point faible.

NOM | VERBE INTRANSITIF | VERBE TRANSITIF — —

win
[wín]

Victoire/gagner, remporter (une victoire)

EXEMPLE Win the race / election : gagner la course / les élections

ATTENTION Il s'agit d'un verbe transitif. S'il est question d'affronter un adversaire, ce sera "Beat the rival" et non "Win the rival".

OPPOSÉ Defeat, loss : défaite, perte / Lose : perdre

— — — ADJECTIF —

wise
[wάɪz]

Sage

EXEMPLE A wise move : un choix judicieux

SYNONYME Clever : intelligent

SYNONYME Intellectual : intellectuel

OPPOSÉ Fool, stupid : bête, stupide

— | VERBE INTRANSITIF | VERBE TRANSITIF — —

wonder
[w'ʌndɚ]

Se demander/s'interroger sur

EXEMPLE I wonder if it will rain : je me demande s'il va pleuvoir.

EXEMPLE Do not wonder about your future too much : ne te pose pas trop de questions sur ton futur.

ATTENTION Wander : se balader

NOM — — ADJECTIF —

worth
[w'ɚ:θ]

Valoir/valeur

EXEMPLE The exam will be worth the effort : cela vaudra la peine de faire des efforts pour l'examen.

EXEMPLE It may be worthwhile going to Kushiro : cela vaudrait peut-être la peine d'aller à Kushiro.

"The quality of Japanese *dagashi* is wonderful. It's **worth** to come and buy them, even if I have to come in disguise."

Date . .

3-E COURS SPÉCIAL

La nourriture à travers le monde avec Koro-sensei

Ce manuel est réalisé par mes élèves mais aussi par moi. Je vais donc vous présenter un guide de voyage en anglais.

KORO-SENSEI DATA

Est né et a grandi sur Terre. Mystérieuse créature devenue professeur principal de la classe 3-E pour un an (avant l'explosion prévue de la Terre). C'est Kaede qui l'a baptisé Koro-sensei.

KAZAKHSTAN

CHINE

CASE 1 Mapo doufu
Mapo doufu

to Sichuan, Chine
Sichuan, China

AFRIQUE

OCEAN INDIEN

Si vous allez environ 3300 kilomètres **tout droit** vers l'est depuis Tokyo, **vous verrez** le mont Xuebaoding, le sommet principal de la montagne Minshan.

Go straight west of Tokyo for about 3300 km,
and you will see Mt. Xuebaoding,
the main mountain of the Minshan.

AUSTRA

En gardant cela **à** votre droite, **tournez à gauche** et avancez environ 215 kilomètres vers le sud.

Keeping that on your right, turn left and go south for about 215 km.

Vous arrivez alors à l'ouest de Chengdu, à la porte nord du Parc Huanhua Xi.
Le restaurant se trouve **en face**.

Then, you will find yourself west of Chengdu, at the north gate of the Huanhua Xi Park. The restaurant is on the opposite side of the gate.

Cela ne devrait pas vous **prendre** plus de 10 minutes.

It shouldn't take you more than 10 minutes.

CASE2 Glace
Gelato

to Florence, Italie
Firenze, Italy

Si vous allez environ 5000 kilomètres vers l'ouest, vous verrez le mont Everest **sur votre gauche**. Vous êtes alors à **mi-chemin**. 800 kilomètres plus loin, vous pouvez voir le K2, qui a la réputation d'être le sommet le plus difficile à grimper **au monde**.

Go west for about 5000 km, and you will see Mt. Everest on your left. That's about half way. Go another 800 km and you can see K2, which is said to be the most difficult mountain to climb in the world.

Traversez ensuite les mers Caspienne, Noire et Adriatique. **Descendez** la rue Ricasoli depuis la cathédrale de Florence vers le nord-est sur environ 350 mètres. Vous êtes **enfin** arrivé au magasin.

Next, go past the Caspian Sea, the Black Sea and the Adriatic Sea, then go down Ricasoli street from the Firenze Cathedral to the northwest for about 350 m, and we find the shop at last.

Cela **prend** environ 25 minutes, donc c'est un peu **loin**. **Au retour**, il est sans doute préférable de **voler** à l'altitude stratosphérique afin que la glace ne **fonde** pas.

It's quite far as it takes about 25 minutes. I suggest that you fly at stratospheric altitude on the way home so your gelato doesn't melt.

CASE3 Glace pilée
Shaved Ice

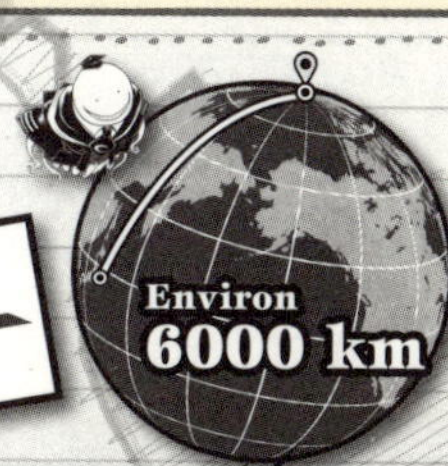

to L'Arctique
Arctic

Allez environ 6000 km vers le nord, et vous **arrivez au** pôle Nord.

Just go due north for about 6000 km, you will arrive at the North Pole.

Si elle vient de l'Arctique, n'importe quelle glace fera l'affaire. Mais celle **du** pôle Nord est la **meilleure**.

Any ice from the Arctic is fine, but the ice precisely at the North Pole is the best by far.

Cela ne vous prendra **pas plus** de 20 minutes.

It won't take you more than 20 minutes.

3-E COURS SPÉCIAL

SUGINO

nous parle des mots anglais dans la langue française

J'aime beaucoup les cours de langues. Je vais vous présenter certains mots qui sont utilisés couramment en français mais qui ont été repris de l'anglais en quelque sorte.

TOMOHITO SUGINO DATA

Classe 3-E, numéro 13. Ancien du club de baseball, il est actuellement dans l'équipe du club de la ville. Il a le poignet souple et il est doué pour les balles courbes.

Bol

Ce mot cher à nos petits-déjeuners est une francisation du mot anglais *bowl*.

Gag

En français, ce mot venant de l'anglais peut désigner plusieurs choses : une histoire drôle, mais aussi une scène cocasse ou encore un canular.

Magazine

Quand vous feuilletez les pages de votre magazine préféré, vous ne vous dite pas que ce mot vient de l'anglais qui est lui-même dérivé du mot français *magasin*.

Stress

Ce mot-là, on se doutait qu'il venait de l'anglais, mais curieusement, le mot anglais est originaire de l'ancien français *estrece* ou *estresse* qui voulait dire étroitesse.

Tennis

Le nom de ce sport anglais dérive lui-même du moyen français « tenez ! » ; cette expression impérative était criée dans le jeu de paume, avant le lancer de la balle.

Boss

Qui est le patron, ici ? C'est vous, boss !

Job

Allez, vous n'aurez pas à aller travailler en Angleterre pour votre job d'étudiant.

Slogan

Utilisé pour désigner une formule frappante notamment dans la publicité, ce mot nous vient aussi directement de la langue anglaise.

Suspense

Ce mot que l'on a récupéré de l'anglais vient en fait de l'ancien français *suspense* qui désignait alors la perplexité, l'incertitude.

Ticket

Inutile de prendre le métro pour apprendre que ce mot anglais est, à l'origine, dérivé du mot français « étiquette ».

CHAPTER 7

7e chapitre - Niveau supérieur ②

advanced2

Vous suivez ?

You okay there?

Ce n'est pas si difficile une fois que tu tentes le coup.

It might not be that hard once you give it a try.

7. COMMENT PASSER LE DIMANCHE

How to spend Sunday

7. COMMENT PASSER LE DIMANCHE

Par un dimanche ensoleillé, Nagisa traversait un grand pont passant au-dessus d'une rivière qui coulait paisiblement et aux abords de laquelle des personnes promenaient leurs enfants ou leurs chiens.

On entendait le bruit de balles frappées.

– Allons-y !

– Ouais !

Du terrain de baseball installé au bord de la rivière, des voix pleines d'entrain résonnaient. Des équipes de collégiens des clubs locaux s'affrontaient. Sugino, qui se tenait sur le monticule, avait proposé à Nagisa de venir voir le match d'aujourd'hui, car Nagisa l'avait toujours aidé à s'entraîner au lancer.

– La prochaine fois, je vais tenter une expérience et tester une nouvelle balle courbe. Surtout, viens me voir ! lui avait lancé Sugino, enthousiaste.

Mais quand Nagisa arriva, la situation était difficile avec 1 out et 3 buts.

– Balle !

Au verdict de l'arbitre, Sugino fit un mouvement de la tête.

– Il n'a pas encore tout donné, pensa Nagisa, soulagé en voyant le visage de Sugino.

– Vas-y lanceur ! cria Nagisa.

Sugino l'entendit, l'aperçut dans les tribunes et sourit.

Il saupoudra son poing de la poudre du sac de colophane, puis serra la balle blanche. Il secoua sa tête de côté au signe du receveur, et acquiesça enfin la troisième fois. Il brandit alors son bras et lança la balle.

– Une droite ? s'étonna Nagisa.

Le batteur frappa, sa batte résonna, et la balle rebondit une fois avant d'aller se ficher dans le gant de l'arrêt-court.

– Est-ce que ce serait... pensa Nagisa.

L'arrêt-court fit une passe au second. Quand le coureur de la première base fut hors jeu, le second lança au premier et mit le batteur également hors jeu. Il prit un double jeu. Ainsi, l'équipe de Sugino sortit de la position difficile des première et troisième bases.

– Génial ! se réjouit Sugino en serrant son poing.

– C'est une balle rapide "two-seam". Sugino, tu continues à progresser ! s'exclama Koro-sensei.

– Monsieur Koro, qu'est-ce que vous faites ici ? demanda Nagisa.

– Le supermarché commence à brader les aliments à partir de quatre heures, donc je suis venu tuer le temps en attendant.

Coiffé d'une casquette, Koro-sensei s'était assis à côté de Nagisa. Sugino, quant à lui, était accueilli par ses coéquipiers à coups de "Bien joué, Sugino !" et affichait un sourire gêné.

– Il est bien intégré dans son équipe, remarqua Koro-sensei.

En grignotant du pop-corn, il observait Sugino avec bienveillance.

– La balle courbe "two-seam", je l'ai reçue pendant les entraînements, mais je ne comprends pas l'intérêt d'une balle avec d'aussi petits effets, s'étonna Nagisa.

– C'est une balle qu'on gagne en laissant frapper. On feint une droite, mais elle descend faiblement. Alors le batteur la manque, et le champ intérieur reçoit une balle hésitante. Cette ruse peut ainsi permettre de faire un double jeu.

Koro-sensei ajouta :

– Mon rôle est aussi de suivre la progression de mes élèves.

– Dites, que faites-vous d'habitude de vos week-ends ? demanda Nagisa à son professeur.

Koro-sensei arbora un regard vague.

– Voyons... Je fais plein de choses très importantes, répondit-il.

– Quel genre de choses ? continua Nagisa.

– Voler à l'autre bout de la Terre pour me régaler de spécialités locales, faire des collages à partir d'hebdomadaires...

– Ah, les jeunes filles en maillot de bain par exemple, fit Nagisa narquois.

– Oui, "Tout déborde du maillot de bain" en est à sa cinquième édition, et c'est un vrai plaisir pour les yeux...

– Je n'ai rien dit... continua Koro-sensei marmonnant sur ses activités du week-end pour éluder la question.

– Quand on est un super-organisme comme moi, il y a tellement de choses à faire que ça en devient embarrassant ! Mais comme mon salaire n'est pas élevé, je ne peux pas dépenser grand-chose pour me divertir. Toutefois, encourager mes élèves est très satisfaisant.

– Moi, je ne suis pas venu ici uniquement pour encourager Sugino, précisa Nagisa à son professeur, en sortant le "Korotan"de sa poche.

– J'ai appris du Professeur Karasuma qu'en sport, beaucoup de termes utilisés viennent de l'anglais. C'est donc une bonne occasion d'apprendre la langue, vous ne trouvez pas ? demanda Nagisa.

– Effectivement. Je vais te citer des termes de baseball en français, dis-les-moi en anglais.

– O.K. ! répondit Nagisa.

– Sécurité ! commença Koro-sensei.

– Sécurité... c'est "safe" ! dit Nagisa.

– Correct. Maintenant, "inactivité" ?

– "Inactivité" ? Je ne vois pas du tout.

– C'est "out" ! lui dit Koro-sensei.

– C'est un peu tiré par les cheveux, ça ! s'énerva Nagisa.

– Alors "l'association efficace des lanceurs et des receveurs d'une équipe" ?

Nagisa réfléchit.

– C'est "battery" ! Mais d'où vient ce mot ?

– Ce mot vient de "artillery batteries", des termes utilisés pendant la guerre civile américaine, et a été récupéré pour caractériser la puissance de tir des lanceurs de baseball.

À ce moment, l'arbitre lança : "Fair ball !"

– Ah oui, le terme "two-seam" entendu tout à l'heure veut aussi dire "deux coutures". Cela désigne les coutures d'une balle de baseball.

Les coutures apparurent sur le visage de Koro-sensei pendant qu'il parlait.

– Vous devriez éviter de faire ça quand il y a des gens autour.

– C'est tout à fait juste, Nagisa.

Allez, tu as parfaitement raison d'être très motivé, mais le week-end, c'est le week-end.

Un bruit de frappe résonna par-delà la rivière. Sugino avait tapé fort à l'occasion du runner/2 bases. Deux coureurs arrivèrent et Sugino glissa en deuxième base.

– Super !

Sugino fit un signe du pouce à Nagisa, qui lui répondit.

– Mais quand je pense que le bon pour l'embrochage en dépend, je me dis qu'il faut que je me motive pour le test de lundi.

– Un embrochage ne me fera pas de mal et il est important de se détendre pendant son temps libre. Bien en profiter permet d'être efficace le lendemain.

Koro-sensei fit une bulle avec son chewing-gum, l'air particulièrement détendu.

– Koro-sensei ! l'interpella Nagisa.

– Quoi ?

– Donnez-moi un chewing-gum !

Koro-sensei ricana.

– Voilà, c'est exactement ça !

Il sortit un chewing-gum de sa poche et le lui tendit.

Néanmoins, lorsque Nagisa le prit, Koro-sensei ajouta :

– Ce sera dix yens.

– Quoi, vous ne pouvez pas me donner un chewing-gum ?

– C'est une blague. Mais comme mon salaire ne m'a pas été versé, je suis à moitié sérieux.

Le sourire de Koro-sensei se crispa pour se transformer en un air triste.

– Non… Ce n'est pas une blague… Je suis sérieux !

– Vous me réclamez dix yens, alors que vous êtes un super-organisme à deux doigts d'exploser la Terre ! s'exclama Nagisa.

Pendant ce temps, Sugino continuait ses lancers. La balle courbe dévia, poussant le batteur à frapper dans le vide.

– Strike, out !

ENFIN, SUGINO CONTRE KORO, LE DUEL DU DESTIN. LE MOT D'ORDRE EST : GO FOR BROKE !!
Jouer le tout pour le tout !
PAF
NON, NON, NON...

NOM

account

[əkάʊnt]

Compte rendu, récit, compte, à cause de

EXEMPLE He stabbed an octopus on account of his youthfulness : il a poignardé un poulpe à cause de sa jeunesse.

EXEMPLE Bank account : compte en banque

NOM

advantage

[ədv'æntɪdʒ]

Avantage

EXEMPLE That he doesn't scare people is his advantage : son atout est qu'il ne fait pas peur aux gens.

VERBE TRANSITIF

affect

[əfékt]

Affecter, avoir des implications sur

EXEMPLE His tentacles are strongly affected by his mental state : ses tentacules sont fortement dépendants de son état mental.

NOM

aspect

['æspekt]

Aspect

EXEMPLE Examine a question from every aspect : examiner une question sous tous les aspects

VERBE TRANSITIF

assume

[əsú:m]

Présumer, s'approprier

EXEMPLE I assume that he is honest : je suppose qu'il est honnête.

EXEMPLE Assume the chair : assumer la présidence

SYNONYME Assumption : supposition

VERBE TRANSITIF

attach

[ət'ætʃ]

Joindre, attacher

EXEMPLE Attach a photograph to an application : joindre une photo à un CV

DÉRIVÉ Attachment : pièce jointe, attachement

NOM

attitude

['ætɪt(j)ù:d]

Attitude

EXEMPLE A positive / negative attitude toward work : une attitude positive / négative envers le travail

— — — ADJECTIF — **Disponible**

available
[əvéɪləbl]

EXEMPLE Become widely available : devenir plus largement disponible (un produit)

NOM — — ADJECTIF — **Moyen/moyenne**

average
[ˈæv(ə)rɪdʒ]

EXEMPLE He appears to be an average student at first sight : il semble être un élève moyen à première vue.

NOM — — — — **Arrière-plan, antécédent, le passé**

background
[bˈækgràʊnd]

EXEMPLE Our teacher's background is a complete mystery : le passé de notre professeur est un mystère.

— VERBE INTRANSITIF VERBE TRANSITIF — — **Souffler/faire envoler**

blow
[blóʊ]

EXEMPLE blow a whistle : siffler

EXEMPLE A strong wind was blowing : un vent fort soufflait

NOM — — — — **Bas, fond**

bottom
[bάṭəm]

EXEMPLE Hold the bottom of the ladder : être au bas de l'échelle

EXEMPLE At the bottom of : au fond de ~

NOM — — — — **Cancer**

cancer
[kˈænsɚ]

EXEMPLE He died of cancer : il est mort d'un cancer

NOM — — — — **Catégorie**

category
[kˈæṭəg`ɔːri]

DÉRIVÉ Categorize : catégoriser

NOM | VERBE INTRANSITIF | VERBE TRANSITIF | — | —

chase

[tʃéɪs]

Courir après, chasser/poursuite

EXEMPLE Our teacher chased (after) the thief : notre professeur a poursuivi le voleur.

EXEMPLE Chase deers away : chasser les cerfs

NOM | — | — | ADJECTIF | —

chemical

[kémɪk(ə)l]

Produit chimique/chimique

EXEMPLE A chemical equation : une équation chimique

DÉRIVÉ Chemistry : chimie

NOM | — | — | — | —

climate

[kláɪmət]

Climat

SYNONYME Weather : temps (météo)

NOM | — | — | — | —

code

[kóʊd]

Code

EXEMPLE The criminal code : le code pénal

— | — | VERBE TRANSITIF | — | —

combine

[kəmbáɪn]

Allier, mélanger

EXEMPLE Combine theory with practice : allier la théorie à la pratique

DÉRIVÉ Combination : alliance

NOM | — | — | — | —

commission

[kəmíʃən]

Commission, comité, instructions, délégation

EXEMPLE Hold a commission from the Government : tenir une commission du gouvernement

EXEMPLE Go beyond one's commission : aller au-delà de sa mission

— | — | VERBE TRANSITIF | — | —

commit

[kəmít]

Commettre, engager

EXEMPLE Commit murder / suicide : commettre un meurtre / se suicider

DÉRIVÉ Commitment : engagement

DÉRIVÉ Committee : comité

VERBE INTRANSITIF — **Rivaliser**

compete
[kəmpíːt]

EXEMPLE Compete **for** a prize / **in** a race : être en compétition pour un prix / une course

EXEMPLE Compete **against** (**with**) : se battre contre ~

VERBE INTRANSITIF — **Concentrer, se concentrer**

concentrate
[kάnsntrèɪt]

EXEMPLE Concentrate **on** studying : se concentrer sur les études

DÉRIVÉ Concentration : concentration

It's up to the umpire's judgment whether or not the fielders are disturbing the batter's **concentration**.

ADJECTIF — **Concret, en ciment**

concrete
[kὰnkríːt]

EXEMPLE Concrete evidence : évidence concrète

OPPOSÉ **Abstract** : abstrait

VERBE TRANSITIF — **Confirmer**

confirm
[kənf'ɚːm]

EXEMPLE These evidences confirm that he is an underwear thief : ces preuves confirment qu'il est un voleur de sous-vêtements.

"If she **confirms** her power, the world's warfare will change dramatically."

NOM — **Congrès, Assemblée nationale**

congress
[kάŋgrəs]

NOM — — — — **Constitution**

constitution
[kànstət(j)ú:ʃən]

EXEMPLE The constitution of the European Union (EU)
la Constitution de l'Union européenne

EXEMPLE Have a strong / weak constitution : avoir une solide / faible constitution

EXEMPLE Constitute : constituer

NOM — VERBE TRANSITIF — — **Contact/contacter**

contact
[kántækt]

EXEMPLE I haven't had much contact with him recently :
je n'ai pas eu beaucoup de contact avec lui récemment.

EXEMPLE Keep in contact with : rester en contact avec ~

SYNONYME Get in touch with

NOM — — — — **Contexte**

context
[kántekst]

EXEMPLE In this context : dans ce contexte

EXEMPLE Political / historical context :
contexte politique / historique

— — VERBE TRANSITIF — — **Convaincre (le COD est une personne)**

convince
[kənvíns]

EXEMPLE She convinced me of her capacity :
elle m'a convaincu de sa capacité.

ATTENTION Convinced : convaincu
Convincing : convaincant

NOM — — ADJECTIF — **Actuel, commun/courant**

current
[k'ɚ:rənt]

EXEMPLE The current trend : la tendance actuelle

EXEMPLE A current of air : un courant d'air

NOM — — — — **Dette**

debt
[dét]

EXEMPLE Be in debt to someone :
devoir de l'argent à quelqu'un

— — VERBE TRANSITIF — — **Définir, préciser**

define
[dɪfáɪn]

EXEMPLE Can you define your idea ?
Pouvez-vous préciser votre idée ?

DÉRIVÉ Definite : précis / Definitely : certainement

DÉRIVÉ Definition : définition

VERBE TRANSITIF

describe

[dɪskrάɪb]

Décrire

EXEMPLE It's almost impossible to describe my feelings : c'est presque impossible de décrire mes sentiments.

DÉRIVÉ Description : description

VERBE INTRANSITIF · VERBE TRANSITIF

dig

[dɪ́g]

Creuser, enfoncer

EXEMPLE Dig into the bag for the wallet : chercher le porte-feuille au fond du sac

"The other day, he **dug** a hole in the schoolyard and..."

ADJECTIF

dirty

[dˈɚːṭi]

Sale, déloyal, grossier

EXEMPLE A dirty trick : un sale coup

EXEMPLE Have a dirty mind : avoir un esprit pervers

DÉRIVÉ Dirt : terre, saleté

NOM

district

[dɪ́strɪkt]

Région

SYNONYME Area : superficie, secteur

SYNONYME Region : région

SYNONYME Zone : zone

ADJECTIF

due

[d(j)úː]

Être prévu

EXEMPLE The book is due to be put on sale in August : il est prévu que ce livre soit mis en vente en août.

ADJECTIF

economic

[èkənάmɪk]

Économique

DÉRIVÉ Economics : sciences économiques

DÉRIVÉ Economy : économie

NOM — — — —

edge

[édʒ]

Bord, lame

EXEMPLE Standing at (on) the edge of a cliff :

se tenir sur le bord de la falaise

NOM — — — —

election

[ɪlékʃən]

Élection(s)

EXEMPLE A presidential election :

les élections présidentielles

ATTENTION Erection : vérifiez discrètement le sens de ce mot dans le dictionnaire !

NOM — — — —

equipment

[ɪkwípmənt]

Équipement

EXEMPLE A piece of equipment : une pièce de l'équipement

— — VERBE TRANSITIF — —

establish

[ɪstˈæblɪʃ]

Établir, fonder

EXEMPLE The company was established in 1987 :

l'entreprise a été fondée en 1987.

SYNONYME Found : fonder

NOM — VERBE TRANSITIF — —

estimate

Nom : [éstəmət]

Verbe intransitif : [éstəmèɪt]

Estimer/devis, estimation

EXEMPLE Try to estimate how much this was :

essayer d'estimer combien c'était

NOM — — — —

faith

[féɪθ]

Confiance, foi

EXEMPLE I still have faith in our teacher :

j'ai encore confiance en notre professeur.

DÉRIVÉ Faithful : fidèle

— — — ADJECTIF —

financial

[fɪnˈænʃəl]

Financier

EXEMPLE A financial crisis : une crise financière

DÉRIVÉ Finance : finance

— — — — ADVERBE **En avant**

forth

[f'ɔɚθ]

EXEMPLE Walk / argue back and forth :

faire des allers-retours / débattre en échangeant

NOM — VERBE TRANSITIF — — **Fonds/financer**

fund

[f'ʌnd]

EXEMPLE Privately / publicly funded schools :

écoles privées / publiques

NOM — — — — **Brèche, écart, fossé**

gap

[g'æp]

EXEMPLE The gap between the rich and the poor :

le fossé entre les riches et les pauvres

— — — ADJECTIF — **Global**

global

[glóʊb(ə)l]

EXEMPLE On a global scale : à l'échelle globale

DÉRIVÉ The globe : le globe, la Terre

NOM — VERBE TRANSITIF — — **Accorder, céder/bourse, subvention**

grant

[gr'ænt]

EXEMPLE Grant him permission : lui donner la permission

EXEMPLE Apply for a grant : demander une bourse / subvention

EXEMPLE I took it for granted that everyone would want dessert :

j'étais convaincu que tout le monde voudrait du dessert.

— — VERBE TRANSITIF — — **Détester**

hate

[héɪt]

EXEMPLE He hates boarding / to board ships :

il déteste monter à bord des bateaux.

OPPOSÉ Love

— VERBE INTRANSITIF VERBE TRANSITIF — — **S'améliorer/améliorer**

improve

[ɪmprúːv]

EXEMPLE Improve your English :

améliore ton anglais !

DÉRIVÉ Improvement : amélioration

NOM — — — — **Incident**

incident

[ínsədnt]

EXEMPLE Without incident : sans incident

NOM — — — — **Revenu**

income

[ínkʌm]

EXEMPLE Annual income : revenu annuel

"I don't have any **income** until payday, either."

NOM — — — — **Blessure**

injury

[índʒ(ə)ri]

DÉRIVÉ Injure : blesser

EXEMPLE They happened to injure an old man : ils ont blessé un vieil homme.

NOM — — — — **Institution**

institution

[ìnstət(j)úːʃən]

EXEMPLE A public institution : une institution publique

EXEMPLE The institution of marriage / slavery : l'institution du mariage / de l'esclavage

DÉRIVÉ Institute : institut

— VERBE INTRANSITIF VERBE TRANSITIF — — **Investir**

invest

[ɪnvést]

EXEMPLE Invest money in ~ : investir dans ~ (=put money into)

DÉRIVÉ Investment : investissement

DÉRIVÉ Investor : investisseur

NOM — — — — **Article**

item

[áɪṭəm]

EXEMPLE A luxury item : un article de luxe

VERBE INTRANSITIF

lean
[lí:n]

Pencher/s'appuyer sur

EXEMPLE Lean against / on the wall : s'appuyer contre / sur le mur

EXEMPLE Lean toward doing : avoir tendance à faire ~

ADJECTIF

literal
[líṭərəl]

Littéral

EXEMPLE A literal meaning : un sens littéral

DÉRIVÉ Literally : littéralement

NOM · VERBE INTRANSITIF · VERBE TRANSITIF

match
[mˈætʃ]

Allumette, match/assortir, égaler

EXEMPLE Match one's actions to one's beliefs : agir selon ses convictions

NOM

meal
[mí:l]

Repas

EXEMPLE From time to time, our teacher is forced to have tissues as his meal : de temps en temps, notre professeur s'oblige à manger des mouchoirs en papier au repas.

NOM

media
[mí:diə]

Media

NOM · ADJECTIF

medium
[mí:diəm]

Moyen/moyen de communication, media

EXEMPLE She appears on each and every medium : elle apparaît dans tous les medias.

ADJECTIF

military
[mílətèri]

Militaire

EXEMPLE A military force : la force militaire

EXEMPLE The new teacher from the military was a savage man : le nouveau professeur, un ancien militaire, était violent.

VERBE TRANSITIF **Surveiller**

monitor
[mάnəṭɚ]

EXEMPLE The government is closely monitoring the class : Le gouvernement surveille de près la classe.

"I will be **monitoring** him of course, but the students need both technical and mental support. I have a teaching license, so don't worry about that."

NOM VERBE TRANSITIF **Meurtre/assassiner**

murder
[m'ɚ:dɚ]

EXEMPLE Commit a murder : commettre un meurtre

EXEMPLE An attempted murder : tentative de meurtre

ADJECTIF **Mutuel**

mutual
[mjú:tʃuəl]

EXEMPLE Mutual understanding : consentement mutuel

ADJECTIF **Nu**

naked
[néɪkɪd]

SYNONYME Nude, bare

EXEMPLE We can hardly catch sight of our teacher naked : on peut à peine apercevoir notre professeur nu.

NOM **Option**

option
[άpʃən]

EXEMPLE Grant an option : accorder une option

DÉRIVÉ Optional : optionnel

NOM **Organisation**

organization
[`ɔɚgənɪzéɪʃən]

DÉRIVÉ Organize : organiser

DÉRIVÉ Organized : organisé

NOM — — — — **Voie**

path
[pˈæθ]

SYNONYME Lane, alley

OPPOSÉ Boulevard, avenue : boulevard, avenue

— — VERBE TRANSITIF — — **Persuader**

persuade
[pɚswéɪd]

EXEMPLE Persuade someone to do / into doing : persuader quelqu'un de faire ~

— — — ADJECTIF — **Physique**

physical
[fízɪk(ə)l]

EXEMPLE A physical characteristic : une caractéristique physique

EXEMPLE Physical evidence : des preuves matérielles

OPPOSÉ Mental : mental

NOM — — — — **Pollution**

pollution
[pəlúːʃən]

EXEMPLE Air / water / soil pollution : Pollution de l'air / de l'eau / du sol

NOM VERBE INTRANSITIF VERBE TRANSITIF — — **Presser, appuyer/faire pression/presse**

press
[prés]

EXEMPLE I pressed my ear against the door : j'ai pressé mon oreille contre la porte.

EXEMPLE The freedom of the press : la liberté de la presse

— — — ADJECTIF — **Précédent**

previous
[príːviəs]

EXEMPLE A previous appointment / experience : un rendez-vous / une expérience précédent(e)

DÉRIVÉ Previously : précédemment

NOM — — — — **Procédure**

procedure
[prəsíːdʒɚ]

EXEMPLE The standard procedures for planting tentacles : la procédure standard pour implanter des tentacules.

— — VERBE TRANSITIF — — **Promouvoir, favoriser**

promote

[prəmóʊt]

EXEMPLE Promote friendship : promouvoir l'amitié

DÉRIVÉ Promotion : promotion

— VERBE INTRANSITIF VERBE TRANSITIF — — **Refléter/réfléchir**

reflect

[rɪflékt]

EXEMPLE The language of a people reflects its characteristics : le langage des gens reflète leur singularité.

EXEMPLE Reflect on my virtues and vices : méditer sur mes vertus et mes vices.

NOM — VERBE TRANSITIF — — **Louer/loyer**

rent

[rént]

EXEMPLE It's very expensive to rent an apartment in NY : il est très cher de louer un appartement à New York.

EXEMPLE For Rent : à louer

NOM — — — — **Sécurité**

security

[sɪkj'ʊ(ə)rəṭi]

EXEMPLE A sense of security : sentiment de sécurité

"I hacked into the hotel's computer and found a blueprint of the inside. I also found a map of their **security** placement."

NOM — — — — **Soi**

self

[sélf]

EXEMPLE Self-conscious : mal à l'aise, complexé

EXEMPLE Self-control : contrôle de soi

— — VERBE TRANSITIF ADJECTIF — **Distinct, séparé/distinguer, séparer**

separate

Verbe : [sépərèɪt]

Adjectif : [sép(ə)rət]

EXEMPLE We were separated into three groups : on a été séparés en trois groupes.

DÉRIVÉ Separately : séparément

— | VERBE INTRANSITIF | VERBE TRANSITIF | — | —

serve

[sˈɚːv]

Servir

EXEMPLE Serve **at** a convenience store : servir dans une supérette

DÉRIVÉ **Service** : service

NOM | — | — | — | —

session

[séʃən]

Session

EXEMPLE The Diet is **in** / **out of** session : la Diète est / n'est pas en session.

NOM | VERBE INTRANSITIF | VERBE TRANSITIF | — | —

share

[ʃéɚ]

Partager/**part**

EXEMPLE We're planning to share the 10 billion yen prized **on** his head : on prévoit de partager la prime de 10 milliards de yens pour laquelle sa tête a été mise à prix.

NOM | VERBE INTRANSITIF | VERBE TRANSITIF | — | —

shift

[ʃíft]

Changement, **temps de travail**/**bouger**/**changer**, **déplacer**

EXEMPLE He shifted his **weight** on the chair : Il déplaça son poids sur la chaise.

— | — | VERBE TRANSITIF | — | —

shoot

[ʃúːt]

Tirer

NOM | — | — | — | —

sight

[sάɪt]

Vue, **site**, **regarder**

EXEMPLE I recognized him **on** sight : je l'ai reconnu en le voyant.

EXEMPLE **Within** / **out of** sight : dans le / hors du champ de vision

— | — | — | ADJECTIF | —

solid

[sάlɪd]

Distinct, **séparé**/**distinguer**, **séparer**

EXEMPLE We were separated **into** three groups : on a été séparés en trois groupes.

DÉRIVÉ Separately : séparément

NOM — — — — **Statut, position**

status

[stéɪṭəs]

EXEMPLE Social status : statut social

"Frankly, I must have class-E keep the same **status**."

NOM VERBE INTRANSITIF VERBE TRANSITIF — — **Coller/bâton**

stick

[stík]

EXEMPLE Chewing gum stuck to the bottom of my shoe : du chewing-gum s'est collé à ma semelle.

DÉRIVÉ Sticker : autocollant / Sticky : collant

NOM — — — — **Force**

strength

[stréŋ(k)θ]

OPPOSÉ Weakness : faiblesse

EXEMPLE It is proved that my strength is superior to the wall : il est prouvé que ma force est supérieure à la résistance du mur.

NOM — — — — **Structure, construction**

structure

[strˈʌktʃɚ]

DÉRIVÉ Structural : structurel

NOM — VERBE TRANSITIF — — **Sondage/sonder**

survey

Nom : [sˈɚːveɪ]

Verbe intransitif : [sɚvéɪ]

EXEMPLE Conduct a survey : mener un sondage

"It seems like Ritsu has finished the **survey** I asked for."

NOM — — — — **Conte**

tale

[téɪl]

EXEMPLE Tell a tale : raconter un conte

EXEMPLE A tall tale: une histoire à dormir debout

NOM — — — — **Menace**

threat

[θrét]

EXEMPLE A bomb threat : une menace à la bombe

DÉRIVÉ Threaten : menacer

NOM — VERBE TRANSITIF — — **Nouer, attacher/cravate**

tie

[tάɪ]

EXEMPLE They tied and locked up our classmates : ils ont attaché et enfermé nos camarades de classe.

NOM — VERBE TRANSITIF — — **Pointe, astuce, information secrète/incliner**

tip

[típ]

EXEMPLE Tips on assassinating : astuces pour l'assassinat

EXEMPLE He tipped his chair back : il a incliné sa chaise en arrière

— — — ADJECTIF — **Solide, résistant, robuste**

tough

[t'ʌf]

EXEMPLE Tough meat : de la viande dure

— — VERBE TRANSITIF ADJECTIF — **Bouleverser**

upset

[`ʌpsét]

EXEMPLE I don't mean to upset you, but : je ne veux pas te bouleverser, mais...

NOM — — — — **Victime**

victim

[víktɪm]

EXEMPLE A murder / cancer victim : une victime de meurtre / du cancer

3-E COURS SPÉCIAL

KURAHASHI enseigne le nom des animaux

Gardien de zoo : zookeeper

Je vais vous présenter en anglais les nombreuses bêtes rencontrées à l'école et dans les îles du Sud. J'espère les revoir.

HINANO KURAHASHI DATA

Kurahashi est une fillette ingénue qui s'y connaît en animaux. Elle est en 3e place dans le "classement des filles" établi par les garçons de la 3-E.

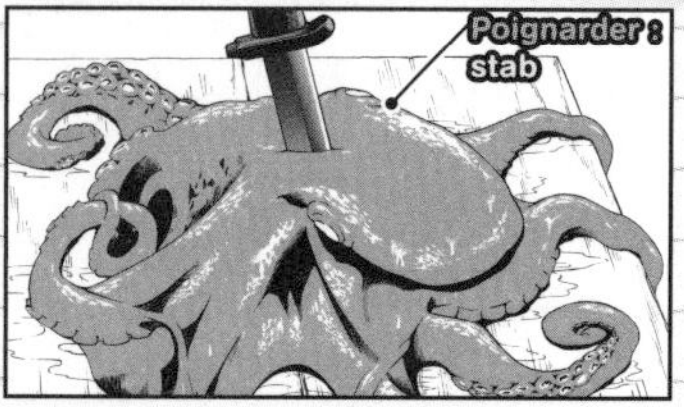

C'est cet être vivant qui vient à l'esprit quand on parle d'Assassination classroom !

Poulpe

octopus

Je vous présente les autres animaux aquatiques !

Poisson

fish

Dauphin

dolphin

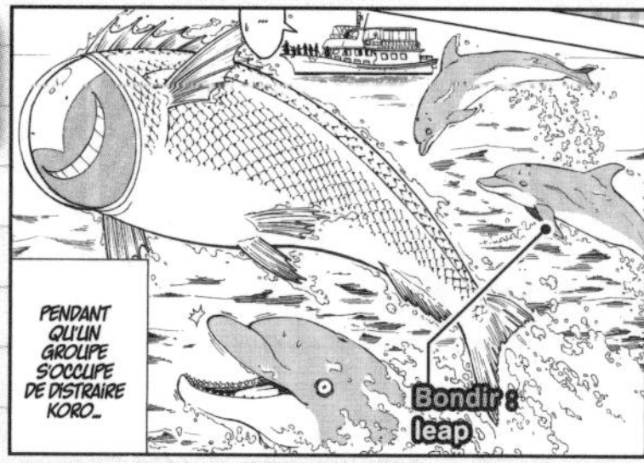

Ces êtres vivants représentent les reptiles et les amphibiens !

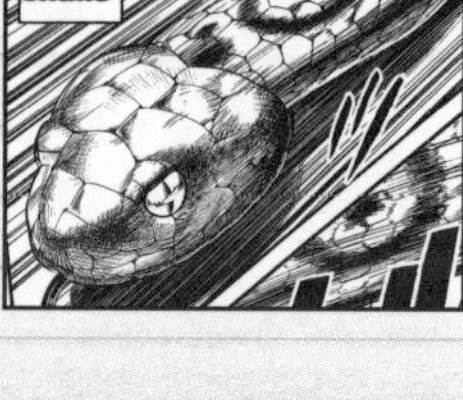

Serpent

snake

"To snake" veut dire "serpenter" !

Grenouille

frog

Ce sont des insectes qui sont apparus dans l'histoire principale.

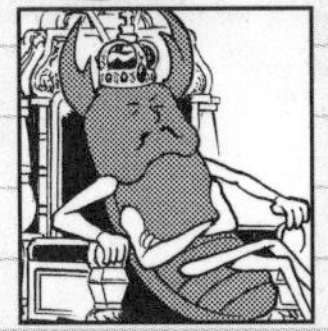

Dorcus hopei binodulosus

dorcus hopei binodulosus

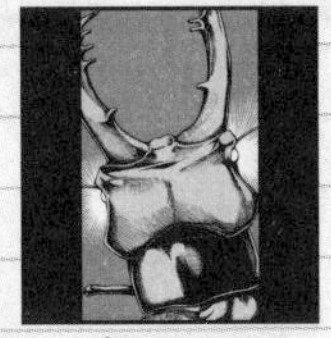

Lucane

stag beetle

Scarabée

beetle

Scarabée

scarab

Papillon

butterfly

Queue d'hirondelle

swallowtail

Cafard

cockroach

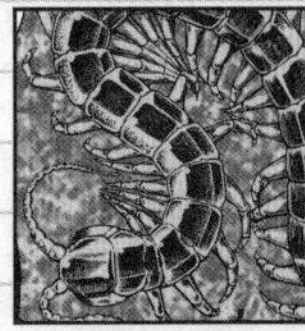

Mille-pattes

centipede

Je les ai peut-être aperçus dans la montagne derrière l'école...

Perroquet

parrot

"Parrot" est aussi un verbe intransitif !

Pigeon

pigeon

Loutre

otter

Il y a encore beaucoup d'autres animaux dans le monde !

Hérisson	**hedgehog**
Chat sauvage	**wild cat**
Crevette	**shrimp**
Hibou	**owl**
Paon	**peacock**

Calamar géant	**giant squid**
Girafe	**giraffe**
Renard	**fox**
Loup	**wolf**
Hippocampe	**seahorse**

3-E COURS SPÉCIAL

Le vocabulaire de l'assassinat du PROFESSEUR KARASUMA

C'est le dernier cours du manuel. Il n'y a plus que ça que je peux vous apprendre. Voici le vocabulaire anglais de l'assassinat.

TADAOMI KARASUMA DATA

Professionnel du ministère de la Défense. Professeur d'EPS, il enseigne les techniques d'assassinat et a bâti une solide relation de confiance avec les élèves.

Infiltration sous couvert (covert infiltration)

C'est la base de la base. Un professionnel ne se fait pas démasquer.

Contrainte (restraint)

Lorsque l'on veut obtenir des informations, mieux vaut ligoter d'abord l'ennemi.

Dissimulation de preuves (concealing of evidence)

Si vous êtes découverts par l'ennemi pendant la mission, abattez-le rapidement et dissimulez les preuves.

Tirer (sniping)

Le taux de réussite est plus élevé si l'on tire depuis un endroit non prévu par la cible.

Techniques de combat (combat techniques)

Le combat est le dernier recours, mais le corps à corps peut être nécessaire de temps à autre.

Empoisonnement (poisoning)

Il est difficile d'amener quelqu'un à ingérer un poison. Lui proposer une boisson empoisonnée ne signifie pas pour autant qu'il la boira...

CHAPTER 8

8e chapitre - Niveau supérieur ③

advanced3

On est presque à la fin.

We're nearly at the finish line.

Sois égal à toi-même et tout ira bien.

Just be yourself and you'll be fine.

8. LE LUNDI DE LA CONCLUSION

Monday, concluding the week

— — VERBE TRANSITIF — — **Acquérir**

acquire
[əkwάɪɚ]

EXEMPLE Our teacher finally acquired a bra of a size H cup : notre professeur a enfin acquis un soutien-gorge de bonnet H.

— — — — ADVERBE **En fait**

actually
[ˈæktʃuəli]

"The secret skill of befriending through conversation that is taught by professional assassins. If you can learn this, I assure it will be very useful when you **actually** meet foreigners."

— VERBE INTRANSITIF VERBE TRANSITIF — — **Admettre**

admit
[ədmít]

SYNONYME Allow, permit

DÉRIVÉ Admission : admission

NOM VERBE INTRANSITIF — — — **Avancer/avancement**

advance
[ədvˈæns]

EXEMPLE The finding of his weakness was a great advance : trouver son point faible a été un grand pas.

EXEMPLE Two days in advance : deux jours à l'avance

— — VERBE TRANSITIF — — **Avoir les moyens financiers, permettre**

afford
[əfˈɔɚd]

EXEMPLE I can't afford a car : je ne peux pas m'offrir de voiture.

NOM — VERBE TRANSITIF — — **Aide, secours/aider**

aid
[éɪd]

EXEMPLE Aid a person with money : aider quelqu'un avec de l'argent

NOM — — — — **Analyse**

analysis
[ən'æləsɪs]

DÉRIVÉ Analyze : analyser

OPPOSÉ Synthesis : synthèse

EXEMPLE Make an analysis of his weak point : faire une analyse de ses points faibles

NOM VERBE INTRANSITIF — — — **Appel, attrait/implorer, faire appel, (avec la préposition "to") plaire**

appeal
[əpí:l]

EXEMPLE Have a wide appeal : plaire à un large public

— VERBE INTRANSITIF VERBE TRANSITIF — — **Faire une demande/appliquer**

apply
[əplάɪ]

EXEMPLE Apply for a job : postuler à un travail

EXEMPLE The laws apply equally to all : la loi s'applique à tous de manière égale.

NOM — — — — **Rendez-vous**

appointment
[əp'ɔɪntmənt]

SYNONYME Promise : promesse

— — VERBE TRANSITIF — — **Attirer**

attract
[ətr'ækt]

EXEMPLE Attract interest : attirer l'attention (=get attention)

NOM — VERBE TRANSITIF — — **Base/baser**

base
[béɪs]

EXEMPLE Be based in / at : être basé à / dans

EXEMPLE Military base : base militaire

NOM — — — — **Bénéfice, avantage**

benefit
[bénəfit]

EXEMPLE For his benefit : pour son bien-être

SYNONYME Profit : profit

NOM — — — — **Facture, projet de loi, billet**

bill

[bíl]

EXEMPLE Approve a bill : approuver un projet de loi

EXEMPLE A five-dollar bill : un billet de 5 dollars

NOM — — — ADVERBE **Bout, une petite quantité, un peu**

bit

[bít]

EXEMPLE I'm a little bit tired : je suis un peu fatigué.

EXEMPLE A bit of cake : un peu de gâteau

NOM — — — — **Branche, filiale**

branch

[br'æntʃ]

EXEMPLE Branch manager : directeur de filiale

RÉFÉRENCE Root : racine / Trunk : tronc

NOM — — — — **Capitale, capital**

capital

[k'æpəṭl]

EXEMPLE A large amount of capital : beaucoup de capitaux

NOM VERBE INTRANSITIF — — — **Frais, charge, accusation/facturer/accuser**

charge

[tʃáɚdʒ]

EXEMPLE That octopus is in charge of this class : ce poulpe est responsable de cette classe.

EXEMPLE This restaurant charges $8 for a glass of wine : ce restaurant facture 8 dollars pour un verre de vin.

NOM — — — — **Circonstance**

circumstance

[s'ɚːkəmst`æns]

EXEMPLE Under normal circumstances : dans des circonstances normales

"I'll decide whether or not I can trust you only after I see the students recover. I want to question you about the **circumstances** as well, so I'll have to put you under control for a while."
"... I guess we have no choice. We have another job to do next week, so let's finish this by then."

NOM — — — — **Civilisation**

civilization
[sìvəlɪzéɪʃən]

SYNONYME Culture : culture

DÉRIVÉ Civil : civil

Civil rights : droits civiques

NOM — — ADJECTIF — **Commercial/publicité**

commercial
[kəm'ɚ:ʃəl]

EXEMPLE A commercial school : une école commerciale

DÉRIVÉ Commerce : commerce

NOM — — ADJECTIF — **Complexe**

complex
Nom : [kάmpleks]

Adjectif : [kàmpléks]

DÉRIVÉ Complexity : complexité

SYNONYME Complicated : compliqué ≠ simple

NOM — VERBE TRANSITIF — — **Conduire/conduite**

conduct
[kάndʌkt]

EXEMPLE Conduct an interview : mener un entretien

SYNONYME Behavior : comportement

NOM VERBE INTRANSITIF — — — **Conflit/être en conflit, s'opposer**

conflict
[kάnflɪkt]

EXEMPLE Avoid conflict with others : éviter les conflits avec les autres

— — — ADJECTIF — **Contemporain, actuel(le)**

contemporary
[kəntémpərèri]

SYNONYME Modern

EXEMPLE He's the most dangerous drummer in the contemporary music scene : il est le batteur le plus dangereux de la scène musicale actuelle.

NOM VERBE INTRANSITIF — — — **Contraste/contraster**

contrast
Nom : [kάntræst]

Verbe : [kɑntrǽst]

EXEMPLE A sharp contrast : un contraste frappant

EXEMPLE In contrast to (with) : en contraste avec ~

NOM — — — —

Crise, mise en cause

crisis

[krάɪsɪs]

EXEMPLE The authority of class A is in crisis : la supériorité de la classe A est remise en cause

— VERBE INTRANSITIF — — —

Oser

dare

[déə˞]

EXEMPLE Only he dared (to) point out his odd way of speaking : il est le seul à avoir osé souligner sa façon étrange de parler.

NOM — — ADJECTIF —

Cher/chéri

dear

[díə˞]

EXEMPLE A dear friend : un ami cher

EXEMPLE my dear : mon cher

EXEMPLE Oh dear ! Oh mon Dieu !

NOM — — — —

Démocratie

democracy

[dɪmάkrəsi]

DÉRIVÉ Democratic : démocratique

— — VERBE TRANSITIF — —

Démontrer, faire la démonstration, manisfester

demonstrate

[démənstrèɪt]

EXEMPLE The man demonstrated how to hold a rifle : l'homme nous a fait une démonstration de la manière dont on tient un fusil.

DÉRIVÉ Demonstration : démonstration, manifestation

SYNONYME Show

— — VERBE TRANSITIF — —

Déterminer

determine

[dɪt'ə˞:mɪn]

DÉRIVÉ Determination : détermination

Determined : être déterminé

SYNONYME Decide

NOM — VERBE TRANSITIF — —

Exposition, étalage/exposer

display

[dɪspléɪ]

EXEMPLE He displays little emotion in front of us : il ne montre que peu d'émotions devant nous.

— — VERBE TRANSITIF — — **Distinguer**

distinguish
[dɪstíŋ(g)wɪʃ]

EXEMPLE Distinguish a professional from normal people : distinguer un professionnel des personnes normales

— — VERBE TRANSITIF — — **Distribuer, répartir**

distribute
[dɪstríbjʊt]

EXEMPLE Ten billion yen will be distributed among us : 10 milliards de yens seront répartis entre nous.

DÉRIVÉ Distribution : distribution

— — — ADJECTIF — **Domestique**

domestic
[dəméstɪk]

EXEMPLE Domestic violence : violence domestique

NOM — — — — **Élément**

element
[éləmənt]

EXEMPLE All the elements of : tous les éléments de ~

— — VERBE TRANSITIF — — **Être engagé dans, engager**

engage
[ɪngéɪdʒ]

EXEMPLE Be engaged in writing : être engagé dans l'écriture

DÉRIVÉ Engagement : fiançailles

DÉRIVÉ Engaged : fiancé

SYNONYME Hire : embaucher / Involve : impliquer

— — — CONJONCTION DE COORDINATION PRÉPOSITION **Sauf**

except
[ɪksépt]

EXEMPLE Everybody knew it except me : tout le monde le savait sauf moi.

NOM — — ADJECTIF — **Extra/supplément, figurant**

extra
[ékstrə]

EXEMPLE I need some extra time to finish my homework : j'ai besoin de plus de temps pour finir mon devoir.

NOM — — — — **Tarif, honoraire**

fee
[fíː]

EXEMPLE I don't feel like paying my school fees :
je n'ai pas envie de payer mes frais de scolarité.

NOM — — ADJECTIF — **Ferme/firme**

firm
[fˈɚːm]

EXEMPLE A law / an advertising firm :
un cabinet d'avocat(s) / une agence de publicité

SYNONYME Hard, solid (≠ Soft)

— — VERBE TRANSITIF — — **Réaliser, accomplir, remplir**

fulfill
[fʊlfíl]

EXEMPLE Our teacher gave me the opportunity to fulfill my dream : notre professeur m'a donné l'opportunité de réaliser mon rêve.

NOM — — — — **Déchet**

garbage
[gάɚbɪdʒ]

SYNONYME Trash, rubbish : déchet

SYNONYME Litter : déchet / Waste : ordure

NOM VERBE INTRANSITIF — — — **Jeter un coup d'œil**

glance
[glˈæns]

EXEMPLE She glanced at the teacher :
elle jeta un coup d'œil au professeur.

SYNONYME Have a quick look at

NOM — — — — **Herbe**

grass
[grˈæs]

NOM — — — — **Couloir, hall**

hall
[hˈɔːl]

EXEMPLE Walk down the hall : déambuler dans le couloir

SYNONYME Corridor

— — — ADJECTIF — **Énorme, gigantesque, vaste**

huge
[hjúːdʒ]

SYNONYME Enormous : énorme

SYNONYME Immense : immense

— — — ADJECTIF — **Immédiat**

immediate
[ɪmíːdiət]

EXEMPLE Immediate payment / future : paiement immédiat / à l'avenir

DÉRIVÉ Immediately : immédiatement (= at once)

— — VERBE TRANSITIF — — **Indiquer**

indicate
[índɪkèɪt]

EXEMPLE Squall indicates the coming of summer : les bourrasques indiquent l'arrivée de l'été.

NOM — — — — **Exemple, cas**

instance
[ínstəns]

EXEMPLE For instance : par exemple

NOM — — — — **Assurance**

insurance
[ɪnʃˈʊ(ə)rəns]

EXEMPLE Insurance against fire / theft : assurance incendie / vol

EXEMPLE Car insurance : assurance auto

NOM — — ADJECTIF — **Niveau, hauteur, étage/plat**

level
[lév(ə)l]

EXEMPLE At a high level : à un haut niveau

SYNONYME Flat : plat / Grade : niveau

NOM VERBE INTRANSITIF VERBE TRANSITIF — — **Soulever/monter/ascenseur**

lift
[líft]

EXEMPLE He lifted her off her feet : il l'a soulevée.

NOM — VERBE TRANSITIF — —

limit

[límɪt]

Limite/limiter

EXEMPLE Limit the speech to 5 minutes : limiter le discours à 5 minutes.

NOM — — ADJECTIF —

mass

[mˈæs]

Masse, quantité/de masse

EXEMPLE A mass of evidence against him : un bon nombre de preuves contre lui

EXEMPLE The masses : la majorité

NOM — — — —

moral

[mˈɔːrəl]

Moral/morale

EXEMPLE A moral issue : un problème moral

EXEMPLE Our teacher has no morals : notre professeur n'a aucune morale.

— — — ADJECTIF —

negative

[négəṭɪv]

Négatif

OPPOSÉ Positive : positif

They are still **negative** about training.

NOM — — — —

noise

[nˈɔɪz]

Bruit

EXEMPLE Make noise : faire du bruit

EXEMPLE Noisy : bruyant

"Even if we make **noise** here, no one will come."

NOM — — — —

notion

[nóʊʃən]

Notion, idée, impression

EXEMPLE The notion of = the notion that : l'impression que

NOM | VERBE INTRANSITIF | VERBE TRANSITIF — —

object

Nom : [ɑ́bdʒɪkt]

Verbe : [əbdʒékt]

Objet, sujet/objecter

EXEMPLE I object to the war : je m'oppose à la guerre.

OPPOSÉ Agree : être en accord

VERBE TRANSITIF

observe

[əbz'ɚ:v]

Observer

DÉRIVÉ Observation : observation

DÉRIVÉ Observer : observateur

— — VERBE TRANSITIF — —

obtain

[əbtéɪn]

Obtenir

SYNONYME Acquire, gain

— — VERBE TRANSITIF — —

occupy

[ɑ́kjʊpàɪ]

Occuper

EXEMPLE Occupied : occupé (par exemple pour les toilettes)

NOM | VERBE INTRANSITIF | VERBE TRANSITIF — —

pack

[p'æk]

Faire ses bagages/emballer/paquet, meute, lot

EXEMPLE Pack a suitcase with : remplir sa valise de

EXEMPLE A pack of wolves : une meute de loups

— VERBE INTRANSITIF — — —

participate

[pɑɚtísəpèɪt]

Participer

EXEMPLE Participate in profits : participer aux profits

DÉRIVÉ Participant : participant

DÉRIVÉ Participation : participation

VERBE INTRANSITIF | VERBE TRANSITIF — **Prier**

pray
[préɪ]

EXEMPLE Pray for peace : prier pour la paix

DÉRIVÉ Prayer : prière

ADJECTIF — **Précieux**

precious
[préʃəs]

SYNONYME Valuable

EXEMPLE What you can obtain from exams are highly precious : ce que tu peux retirer des examens est très précieux.

VERBE TRANSITIF — **Prédire**

predict
[prɪdíkt]

EXEMPLE Predict the weather : prédire le temps

SYNONYME Forecast, foretell

NOM | VERBE INTRANSITIF — **Progrès/progresser**

progress
[prágrəs]

EXEMPLE Make good progress : faire un grand progrès

“Even on the school trip, there was no **progress** in his assassination. Is the situation under control, Mr. Karasuma ?”

NOM | VERBE INTRANSITIF — **Race, course/faire la course**

race
[réɪs]

EXEMPLE The race problem : un problème racial

SYNONYME People : peuple / Tribe : tribu, ethnie

NOM | VERBE INTRANSITIF — **Gamme/s'étendre**

range
[réɪndʒ]

EXEMPLE A wide / narrow range of : une petite / large gamme de

EXEMPLE Prices range from ¥3,000 up to ¥5,000 : les prix vont de 3 000 à 5 000 yens.

VERBE TRANSITIF

recall

[rɪk'ɔ:l]

Se souvenir

EXEMPLE Can you recall what the teacher said ?

est-ce que tu te souviens de ce qu'a dit le professeur ?

VERBE TRANSITIF

recommend

[rèkəménd]

Recommander

EXEMPLE Recommend Faulkner's novels to students : recommander les romans de Faulkner aux élèves

DÉRIVÉ Recommendation : recommandation

VERBE INTRANSITIF / VERBE TRANSITIF

recover

[rɪk'ʌvɚ]

Récupérer, se remettre

EXEMPLE Recover from an illness : se remettre d'une maladie

EXEMPLE Recover one's health : recouvrer la santé

NOM

reputation

[rèpjʊtéɪʃən]

Réputation

EXEMPLE Establish / ruin one's reputation : asseoir / ruiner sa réputation

NOM

reservation

[rèzɚvéɪʃən]

Réservation

EXEMPLE Make a reservation : faire une réservation

DÉRIVÉ Reserve : réserver, réserve

NOM

resource

[rí:sɔɚs]

Ressource

EXEMPLE Natural / human resources : ressources humaines / naturelles

DÉRIVÉ Resourceful : ingénieux

NOM / VERBE TRANSITIF

root

[rú:t]

Racine/enraciner, avoir pour origine

EXEMPLE The crime was rooted in his frustration : le crime était né de sa frustration.

NOM — — — — **Section, partie**

section

[sékʃən]

EXEMPLE A smoking section : un coin fumeurs

— VERBE INTRANSITIF VERBE TRANSITIF — — **Installer/régler, fixer**

settle

[séṭl]

EXEMPLE We settled to kill the huge octopus : on a convenu de tuer l'énorme poulpe.

EXEMPLE My mother finally settled in Hokkaido : ma mère s'est enfin installée à Hokkaido.

NOM — — — — **Site**

site

[sάɪt]

EXEMPLE A location site : un site de tournage

— — — ADJECTIF — **Un peu**

slight

[slάɪt]

EXEMPLE There's not the slightest doubt / chance : il n'y a pas le moindre doute / la moindre chance

DÉRIVÉ Slightly : légèrement

NOM —, VERBE TRANSITIF — — **Sorte/trier**

sort

[sˈɔɚt]

EXEMPLE Our teacher is a sort of a comical character : notre professeur est en quelque sorte un guignol.

NOM — — — — **Source**

source

[sˈɔɚs]

EXEMPLE Source of trouble / information : source de problèmes / d'informations

"I'm starting to think that Mr. Karasuma is the **source** of the problem."
"Right, right ?"
"He heartlessly ignored my jokes so many times too."
Now they have no strategies, and they've begun to blame Mr. Karasuma.

— — VERBE TRANSITIF — — **De rechange/accorder, épargner**

spare
[spéɚ]

EXEMPLE I can't spare the time to kill him today : je n'ai pas le temps de le tuer aujourd'hui.

EXEMPLE Please spare my life : s'il vous plaît, épargnez ma vie !

— VERBE INTRANSITIF VERBE TRANSITIF — — **S'étendre/étendre**

spread
[spréd]

EXEMPLE Panic spread through the class : répandre la panique dans les classes.

NOM — — — — **Personnel, bâton**

staff
[stˈæf]

EXEMPLE A full-time / part-time staff : du personnel à plein-temps / mi-temps

ATTENTION Stuff : affaires / fourrer

NOM — — — — **Stratégie**

strategy
[strˈæṭədʒi]

EXEMPLE Work out a strategy for assassinating our teacher : travailler notre stratégie pour assassiner notre professeur.

DÉRIVÉ Strategic : stratégique

Behind the game...
The two teachers were having a clash of **strategies**.

NOM VERBE INTRANSITIF VERBE TRANSITIF — — **Heurter, frapper, faire la grève, attaquer/grève**

strike
[stráɪk]

EXEMPLE The tentacle struck him in the face : le tentacule l'a frappé au visage.

EXEMPLE Most people were asleep when the typhoon struck : la plupart des gens étaient endormis quand le typhon a frappé.

NOM — VERBE TRANSITIF — — **Chose, affaire, matière/fourrer, bourrer**

stuff
[stˈʌf]

EXEMPLE Sweet stuff : quelque chose de sucré

EXEMPLE He ordered that our teacher be stuffed into someone's underpants : il a ordonné que notre professeur soit fourré dans les sous-vêtements de quelqu'un.

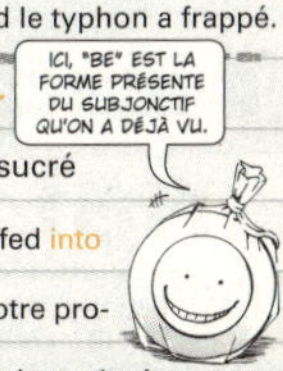

NOM — — — —

surface

[s'ɚːfəs]

Surface, extérieur

NOM — — — —

term

[t'ɚːm]

Terme, période, trimestre, conditions, accord

EXEMPLE In terms of : en termes de, en ce qui concerne

EXEMPLE Be on good / bad terms with : être en bons / mauvais termes avec

EXEMPLE In general / technical terms : de manière générale / en termes techniques

"We'll keep it up and definitely kill him during the second **term**. Irina, I'm counting on you too."

NOM — — — —

thought

[θ'ɔːt]

Pensée

DÉRIVÉ Thoughtful : attentionné, gentil

— — — ADJECTIF —

tiny

[tάɪni]

Très petit

EXEMPLE Her tiny breasts may be in demand in the future : des petits seins comme les siens peuvent être très demandés à l'avenir.

NOM — — — —

tone

[tóʊn]

Ton

EXEMPLE A seductive tone of voice : un ton séducteur

NOM — — — —

trial

[trάɪəl]

Procès, essai

EXEMPLE Be on trial : être en procès

NOM — — — — **Syndicat, union**

union

[jú:njən]

EXEMPLE Union is strength : l'union fait la force !

EXEMPLE In union : ensemble, en même temps

NOM — — — — **Véhicule**

vehicle

[ví:(h)ɪkl]

EXEMPLE A motor vehicle : un véhicule motorisé

EXEMPLE A space vehicle : un véhicule spatial

NOM — — — — **Volume**

volume

[vάljʊm]

EXEMPLE A large volume of : un grand volume de ~

EXEMPLE This English dictionary was printed in 20 volumes in 1989 : ce dictionnaire anglais a été imprimé en 20 volumes en 1989.

NOM — — — — **Revenu**

wage

[wéɪdʒ]

EXEMPLE Earn a wage : gagner un revenu

SYNONYME Salary : salaire

SYNONYME Pay : paye

NOM — — — — **Bien-être, assistance publique, aide sociale**

welfare

[wélfèɚ]

EXEMPLE Welfare provision / service : service / prestation sociale

EXEMPLE On welfare : vivre d'allocations sociales

NOM VERBE INTRANSITIF VERBE TRANSITIF — — **Chuchoter/ chuchotement**

whisper

[(h)wíspɚ]

SYNONYME Murmur : murmure

ATTENTION "Tweet" veut dire pépier.

NOM — VERBE TRANSITIF — — **Témoin/être témoin de**

witness

[wítnəs]

EXEMPLE The only witness of the murder : le seul témoin du meurtre

EXEMPLE The 20th century witnessed significant change : le 20e siècle a été témoin d'un changement considérable.

8. LE LUNDI DE LA CONCLUSION

Le cours de la sixième heure se termina et la sonnerie de fin retentit, mais les élèves de la classe 3-E ne se levèrent pas de leur chaise.

– Gnuh hu hu ! Vous attendez tous avec impatience le résultat... Très bien, je vais corriger les copies de Nagisa et Terasaka.

Ayant sorti les feuilles du classeur, il se mit au travail à la vitesse de Mach 20.

La correction finie, Koro-sensei émit un son étrange.

– Et bien, c'est vraiment très étonnant. Je vais vérifier encore une fois au cas où...

Le tentacule fit un bruit de ventouse en se promenant sur les copies.

– Nagisa, Terasaka, je vais vous les rendre. Approchez !

Les deux élèves appelés se postèrent de chaque côté de Koro-sensei.

– Voici vos résultats !

Il rendit à chacun sa copie en même temps.

– Ouaiiiiiiiiiiis ! s'exclamèrent-ils.

– Toi aussi, Terasaka ?!

– Pour de vrai ! lui dit Nagisa.

Un brouhaha se répandit soudain dans la classe.

– Vous avez fait tous les deux un sans-faute ! Terasaka, tu as gagné le droit de m'embrocher…

– Ouah ! C'est la première fois que je vais poignarder quelqu'un et y mettre tout mon cœur. C'est super impressionnant !

La classe 3-E se rassembla autour de Nagisa et Terasaka.

À mesure que les élèves s'agitaient, le visage du professeur virait au bleu.

– Je n'aurais jamais pensé que Terasaka aurait tous les points… murmura Koro-sensei.

Il rangea son classeur d'une main tremblotante.

– Désolé d'avoir obtenu tous les points ! Allez, c'est le moment de tenir votre promesse. Je vais donc utiliser mon bon pour un embrochage !

Terasaka sourit et attrapa le poignard anti-Koro-sensei.

– A… attendez ! Je ne suis pas prêt psychologiquement… prétexta Koro-sensei.

– Comme si vous en aviez besoin. De toute façon vous l'avez promis. Vous allez rester tranquille ! lança Terasaka.

Il coinça Koro-sensei dans un coin de la salle de classe.

– Vous n'avez pas l'intention de reprendre votre promesse, n'est-ce pas ?

– Pour que cet imbécile de Terasaka fasse un sans-faute, il a dû rudement étudier, ricana Yoshida.

– Toi, évite de trop parler ! s'exclama Terasaka.

Nagisa et Terasaka continuaient à barrer le passage à leur professeur.

– Koro-sensei, vous ne pouvez pas fuir. Si vous le faites, plus personne ne vous fera confiance, avertit Nagisa.

Les élèves regroupés autour d'eux approuvèrent par un hochement de tête.

Le professeur épongea son front recouvert de sueurs froides.

– Entendu. Je vais respecter ma promesse et recevoir le coup de Terasaka.

Les élèves de la classe 3-E acclamèrent Terasaka qui reprit confiance.

– Allez, tenez-vous debout devant le tableau noir, dit Terasaka.

En joignant ses tentacules devant lui, Koro-sensei prit la pause de la prière.

– Espérons que ce ne sera pas trop grave… dit-il.

– Ah, liquéfaction ! cria Okada, en remarquant le changement chez leur professeur.

– Koro-sensei, la liquéfaction, c'est de la triche ! On ne pourra pas savoir si vous avez été poignardé !

– Ouais, c'est vrai !

Violemment hué par ses élèves, il abandonna à contrecœur la liquéfaction et reprit sa forme d'origine.

– Allez, placez vos tentacules contre le tableau noir !

– Ce n'est pas une position très confortable…

– Dépêchez-vous et tenez-vous tranquille ! répliqua Terasaka.

– Fais-le d'un coup sec, le pria Koro-sensei. Ne remue pas le couteau dans la plaie…

Terasaka le fusilla du regard.

– C'est vrai, ce serait exagéré, approuva Nagisa. Et ça ne correspondrait pas à un embrochage, donc épargnons-lui ça.

Terasaka acquiesça contre son gré.

– Terasaka, poignarde-le avant qu'il ne s'enfuie ! s'exclama Karma.

– Vas-y d'un coup dans les organes vitaux ! enchérit Kayano.

– Ouais, ouais ! s'excitèrent les élèves de la classe.

– Fais le "truc" appris par Itona, allez ! lança Nakamura.

– Ouais, le cœur !

– Le cœur, le cœur ! reprirent tous ensemble les élèves de la classe 3-E.

– Taisez-vous tous ! Je sais tout ça, je n'ai pas besoin qu'on me dise ce que je dois faire !

Terasaka resserra le poignard et visa la cravate de Koro-sensei.

– C'est bien pour ça qu'on te traite d'imbécile ou de simplet, Terasaka ! dit Karma Akabane.

T'as vraiment pensé que tu pourrais le tuer parce que tu as obtenu tous les points à un test de vocabulaire d'anglais ? ajouta-t-il avec provocation.

À ces mots, la classe se tut soudainement.

– Il est évident que Koro-sensei ne va pas rester à attendre en laissant ses organes vitaux à découvert. T'as vu où est passé le classeur qu'il tenait à l'instant ? poursuivit-il.

Tout le monde restait silencieux.

– Dès qu'il a su que vous n'aviez fait aucune faute, il a discrètement glissé le classeur sur sa poitrine.

– C'est dégueulasse ! s'exclama Terasaka.

– J'ai compris, acquiesça Koro-sensei. Je vais retirer le classeur.

Koro-sensei s'exécuta docilement.

Cela ne fit qu'augmenter la suspicion de la classe.

– Koro-sensei, vous n'avez rien caché d'autre ? lui demanda Kataoka.

– Autre chose ? Voyons…

Il introduisit un tentacule dans sa chemise et farfouilla.

– Ceci par exemple ?

Ce qu'il tenait au bout de son tentacule, c'était le dernier numéro d'une revue érotique.

– Rien d'autre ?

Il sortit de son habit une poêle et une fiche en plastique.

– Ce mec… Rhaa... ce mec... !

Furieux et découragé, Terasaka baissa son bras qui tenait le poignard.

– Calme-toi ! Ça nous a permis de localiser son point faible.

Toute la classe hocha la tête aux paroles de Karma.

– Et puis c'est une occasion unique de pouvoir l'embrocher,

donc frappe où ça te chante. Demande-toi "si je poignarde ici, que va-t-il se passer ?" et vise les endroits qui t'intriguent. Tu ne pourras sans doute pas le tuer du premier coup, mais ça te défoulera.

– Ouais !

Conforté par Karma, Terasaka brandit haut son poignard. En comprenant ce qui était visé, Koro-sensei paniqua.

– A… attends, pas la figure. Ne gâche pas la beauté de cette sphère parfaite…

– Taisez-vous, vous parlez d'une beauté ! C'est un rond avec un visage fait de simples traits. N'essayez pas d'esquiver !

– Au secours, à l'assassin !

Terasaka, énervé par son professeur qui continuait à faire l'imbécile, le frappa sans hésiter.

– Prends ça !

Le poignard atteint le milieu du visage, qui commença à fondre autour de l'arme pour former un beau trou, béant.

– Oh !

Terasaka retira le poignard. L'air étourdi, Koro-sensei, le visage transpercé, se tenait les yeux.

– Dégueulasse !

– C'est glauque… firent les élèves de la classe.

Tous ces mots finirent par émouvoir Koro-sensei qui n'avait pas subi trop de dommages du coup porté par Terasaka.

– J'avais pourtant dit de ne pas le faire… dit Koro-sensei, pleurant à chaudes larmes.

– C'est pas la peine de pleurer. Grâce à vous, le niveau d'anglais de Terasaka s'est amélioré.

– Votre tête ressemble à un beignet, et c'est plutôt mignon.

Consolé par Kurahashi et Kayano, il essuya ses larmes.

– En effet. Je sacrifie mon corps pour améliorer le niveau de mes élèves, je suis un vrai professeur modèle.

– Mais il vous manque un gros bout du visage… ajouta Nagisa.

Koro-sensei fut à nouveau attristé.

Nagisa rigolait de la scène avec les autres mais redevint soudainement lucide en repensant à ce qui s'était passé.

En fin de compte, ils étaient loin d'avoir atteint leur objectif : tuer Koro-sensei.

En une semaine, Terasaka et moi n'avons fait que consolider nos connaissances en anglais, sans autre récompense, pensa Nagisa.

Mais voici notre classe d'apprentis-assassins...

La sonnerie annonçant le début des cours retentira à nouveau demain…

Fin

THE END
Fin ♥

MANUEL DE VOCABULAIRE ANGLAIS KOROTAN

First published in Japan in 2014 by SHUEISHA Inc., Tokyo.
French translation rights in France, French-speaking Belgium, Luxembourg, Switzerland and Canada
arranged by SHUEISHA Inc. through VIZ Media Europe, SARL, France.

7, avenue P-H Spaak - 1060 Bruxelles

Dépôt légal d/2016/0086/217
ISBN 978-2-5050-6543-2

Traduit et adapté en français par Erika Iwami
Adaptation graphique : Hinoko
Couverture : Cynthia Thiéry

Imprimé en Chine par Toppan Leefung

EXAMEN FINAL DU KOROTAN

3-E

POINTS IMPORTANTS

1. Les questions de cet examen sont basées sur le contenu de ce manuel.

2. Seuls ceux qui ont étudié le vocabulaire anglais peuvent passer cet examen.

3. Utilisez un crayon à papier ou un porte-mine pour répondre.

4. Vous pouvez passer cet examen autant de fois que vous le désirez. Si vous le passez plusieurs fois, préparez plusieurs exemplaires des pages sur lesquelles vous inscrivez les réponses.

5. Ceux qui passent l'examen doivent le faire ouvertement et en toute transparence, et ne pas tricher.

6. Aucune limite de temps n'est fixée. Il faut répondre en se souvenant de ce qui a été vu dans ce manuel.

7. Il est possible d'interrompre l'examen. Passez-le en prenant de courtes pauses.

8. Vous trouverez quelques pages inédites du manga de Yusei Matsui après les réponses. **Il faut absolument finir votre examen avant de s'y référer.**

Couper soigneusement avec un cutter ou des ciseaux !
Attention à ne pas vous couper la main !

KOROTAN Graduation Test
Examen de fin d'année

Monster 1. Choisissez ci-dessous le sens des mots anglais suivants.

(1) direction .... (2) nation .... (3) influence ....
(4) particular .... (5) author .... (6) include ....
(7) view .... (8) credit .... (9) fix ....
(10) pick ....

Groupe nominal

(a) fixer, réparer (b) influence (c) direction
(d) auteur (e) avis, vue (f) développer
(g) particulier (h) nation (i) inclure
(j) mérite (k) choisir

Monster 2. Remplissez les parenthèses pour construire des expressions.

(1) Faire un effort (........) an effort
(2) Volontairement (........) purpose
(3) Même si (........) if
(4) Dans le futur (........) the future
(5) Mentir (........) a (........)

Monster 3. Remplissez les parenthèses pour traduire la phrase ci-dessous en anglais de deux manières différentes.

Il y a eu un tremblement de terre pendant mon sommeil.
There was an earthquake during (........ .)
There was an earthquake while (........ .)

Monster 4. Remplissez les parenthèses afin que ça corresponde au sens donné en français.

(1) Je ne connais pas bien ses romans.
I'm not familiar (........) his novels.
(2) Être diplômé de l'université : graduate (........) the university.
(3) Plutôt que d'acheter un DVD : instead (........) buying a DVD
(4) Peux-tu me faire une faveur ?
Will you (........) me a favor ?
(5) Selon le journal : according (........) the newspaper

Examination

Monster 5.

Traduisez les expressions ci-dessous en anglais à l'aide des termes donnés. Vous pouvez utiliser des verbes intransitifs.

(1) Je me réjouis de vous revoir. (forward, see)

....

(2) J'arrive à peine à lire ce roman. (hardly)

....

(3) Ne gâche pas ton talent pour une telle chose. (waste, such a thing)

....

Monster 6.

Traduisez les adjectifs suivants en anglais.

(1) Relatif .... (2) Fin ....
(3) Natif .... (4) Ennuyeux ....
(5) Officiel .... (6) Indépendant ....
(7) Vivant .... (8) Critique ....
(9) Décontracté .... (10) Horrible ....

Monster 7.

Complétez les parenthèses.

(1) Mourir du cancer : die (..............) cancer
(2) J'ai été convaincu par ses capacités.
I was convinced (..............) his ability.
(3) Se concentrer sur l'enseignement de l'anglais de base.
concentrate (..............) teaching basic English
(4) Je pensais que cela allait de soi qu'il parle japonais.
I (..............) it (..............) granted that he can speak Japanese.

Monster 8.

Complétez les parenthèses.

(1) Tout le monde connaissait ce mot sauf moi.
Everybody knew the word (..............) me.
(2) Marcher le long du couloir : walk (..............) the hall
(3) Normalement : (..............) normal circumstances
(4) Distinguer les bisons des buffles
distinguish bisons (..............) buffaloes
(5) Je n'ai pas les moyens de m'offrir une voiture.
I can't (..............) a car.

KOROTAN

Answers
Réponses

Monster 1.

2 points chacun

(1) c p034
(2) h p041
(3) b p038
(4) g p042
(5) d p029
(6) i p038
(7) e p049
(8) j p032
(9) a p036
(10) k p043

Monster 2.

2 points chacun

(1) make p069
(2) on p076
(3) even p070
(4) in p071
(5) tell / lie p073

Monster 3.

3 points chacun

during : my sleep ou bien
my sleeping
while : I was asleep ou bien
I was sleeping

(during) p069
(while) p113

Monster 4.

2 points chacun

(1) with p134
(2) from p135
(3) of p137
(4) do p134
(5) to p128

Monster 5.

5 points chacun

(1) I'm looking forward to seeing you again.
.........................p163
(2) I can hardly read this novel.
.........................p163
(3) Don't waste your talent on such a thing.
.........................p172

Monster 6.

2 points chacun

(1) relative p198
(2) thin p201
(3) native p196
(4) boring p187
(5) official p196
(6) independent p194
(7) alive p186
(8) critical p189
(9) casual p188
(10) awful p187

Monster 7.

2 points chacun pour (1) à (3), 3 points pour (4) si on a pu répondre aux deux

(1) of p217
(2) of p220
(3) on p219
(4) took / for p223

Monster 8.

2 points chacun

(1) except ou bien but ... p241
(2) down p242
(3) under p238
(4) from p241
(5) afford p236

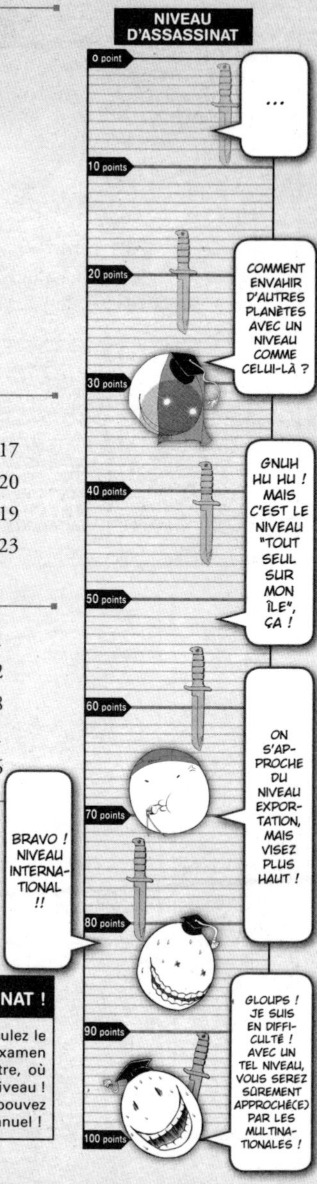

CALCULEZ VOTRE NIVEAU D'ASSASSINAT !

Pour connaître votre "niveau d'assassinat", calculez le nombre de points que vous avez obtenus à l'examen du Korotan. Et voyez, grâce à l'échelle ci-contre, où vous vous situez. Le but est d'atteindre le haut niveau ! Si vos résultats sont insatisfaisants, vous pouvez recommencer l'examen après avoir révisé le manuel !

ON S'EST DONNÉ DU MAL POUR EN ARRIVER LÀ.
ON PEUT ENFIN OUVRIR LES PAGES SCELLÉES.
PLOM ペタン PLOM ペタン
FÉLICITATIONS, VOUS AVEZ RÉUSSI L'EXAMEN !!
PLOM ペタン PLOM ペタン
JE SUIS FIER DE VOUS AVOIR EU COMME ÉLÈVE !!
KA... KARMA !
QUEL GENRE DE PERSONNE OUVRE AVANT D'AVOIR RÉPONDU AUX QUESTIONS !
HEIN ?
COUPE ジョキ COUPE ジョキ
VOUS REGARDIEZ LES PAGES SCELLÉES COMME UN VOLEUR.
VOUS POUVEZ PARLER !
AU MAGASIN, VOUS N'AVIEZ PAS D'ARGENT POUR ACHETER UN MAGAZINE.

C'EST LA HONTE D'ÊTRE VOTRE ÉLÈVE...
GLOUPS !
MAIS L'ÉROTISME EST AUSSI IMPORTANT DANS LA VIE...
ENFIN...
QUI DIT "PAGES SCELLÉES" DIT "PAGES DE NU" ...
C'EST BON, JE VAIS ME DÉSHABILLER POUR VOUS.
EN FAIT,
COMBINER UN MANGA DU MAGAZINE JUMP AVEC LES ÉTUDES N'AVAIT PAS VRAIMENT ÉTÉ TENTÉ JUSQU'À PRÉSENT.
MERCI D'AVOIR SUIVI MON COURS !
NET
HEIN ?
SI L'OCCASION SE PRÉSENTE, J'AIMERAIS BIEN VOUS ENSEIGNER D'AUTRES MATIÈRES.
ALORS REVENEZ ME TUER !!
See you next time!!
ATTENDS, NE VAS PAS CONCLURE COMME ÇA ?!
REGARDE MON NU INTÉGRAL...
AAAH !
バサッ
FLAP
MADAME POUFFE, QUE FAITES-VOUS DANS LES PAGES SCELLÉES ?
SAC POUBELLE

BRAVO ET À BIENTÔT !